그래도, 오늘은 다르게 살기로 했다

그래도, 오늘은 다르게 살기로 했다

작은 루틴이 만드는 내일의 변화

초 판 1쇄 2025년 05월 29일

지은이 김수인, 김한조, 서진아, 윤현아, 이복선, 이순덕, 이윤경, 이윤지, 정혜진, 최민욱
기획 이윤정
펴낸이 류종렬

펴낸곳 미다스북스
본부장 임종익
편집장 이다경, 김가영
디자인 임인영, 윤가희
책임진행 안채원, 이예나, 김요섭, 김은진, 장민주

등록 2001년 3월 21일 제2001-000040호
주소 서울시 마포구 양화로 133 서교타워 711호
전화 02) 322-7802~3
팩스 02) 6007-1845
블로그 http://blog.naver.com/midasbooks
전자주소 midasbooks@hanmail.net
페이스북 https://www.facebook.com/midasbooks425
인스타그램 https://www.instagram.com/midasbooks

ISBN 979-11-7355-249-6 03190

값 18,500원

미다스북스는 다음세대에게 필요한 지혜와 교양을 생각합니다.

작은 루틴이 만드는 내일의 변화

그래도, 오늘은
다르게 살기로 했다

RECORD

RESET

CONNECTION

GROWTH

이윤정 기획

김수인, 김한조, 서진아, 윤현아, 이복선, 이순덕, 이윤경, 이윤지, 정혜진, 최민욱 지음

미다스북스

금요일, 오늘만큼은 회사 일을 좀 일찍 마무리하고 싶었다. 이번 주, 아이들이 깨어 있는 걸 본 기억이 별로 없다. 내가 개발한 팀장 리더십 프로그램의 새로운 교육이 막 런칭되어 챙길 게 많았다. 금요일 교육은 오후 세 시면 끝이다. 이것저것 정리해도 네 시면 마무리하겠지 싶었다. 아내에게 일찍 들어갈 거라고 문자를 보낸다. 웬걸, 교육 결과와 참가자 피드백이 별로 좋지 않다. 예상했던 것과 다르다. 급하게 회의를 소집한다. 오늘 수업을 들었던 동료 의견도 묻고, 팀장님과 대책을 논의하느라 시간이 훌쩍 지났다. 조기 퇴근은 무슨, 결국 퇴근 시간이 지나서야 사무실을 나선다.

저녁 계획을 보니, 얼마 후 있을 요양보호사 시험에 대비해 학원에 가야 한다. 아들과 헌혈도 함께 하기로 예약해 놨다. 애들하고도 좀 놀아야 하고 아홉 시에는 책 쓰기 수업도 있다. 마음이 급해진다. 차에 시동을 켠다. 어이쿠! 월요일 출근할 때 야외에 차를 뒀더니, 배터리가 방전이다. 긴급서비스를 호출하고 삼십 분 만에 집으로 향한다. 출발한 지 삼십 분도 안 되

어 치과에서 전화가 온다. '아! 오늘 치과도 가기로 했구나.'

오늘 팀장님한테 혼나기도 했고, 교육 결과도 마음에 들지 않는다. 몸과 마음 다 피곤하다. 그냥 쉬고 싶다. 집에 가서 다 내려두고 그냥 쉴까? 상상해 본다. 당장은 좋을 것 같지만, 자기 전 너무 후회할 것 같다. 마음을 다잡는다. 집에 도착하자마자 아들들을 안아본다. 장난치는 줄 아는 아들들은 "꺄아!" 하면서 도망치기에 바쁘다. 얼른 옷 갈아입고 치과로 향한다. 이십 분 만에 치료를 끝냈다. 집 앞에서 첫째 아들을 만나 헌혈하러 간다. 한 시간 삼십 분 헌혈 후, 다시 요양보호사 학원에 들렀다가 집에 왔다. 아내가 정성스레 차려 놓은 저녁을 감사한 마음으로 먹는다. 벌써 아홉 시다. 책 쓰기 수업이 끝나니 열 시가 넘는다. '수업을 들었으니, 글을 좀 쓰고 잘까?' 하다가 지금 손대면 새벽까지 잠을 못 잘 것 같다. 하루를 아주 잘 산 건 아니지만, 열심히 살았다는 생각이 들어 잠깐 여유를 즐기다 자기로 마음먹는다. 맥주 한 캔을 따고 <폭싹 속았수다> 영상 한 편을 본다.

오늘 하루, 뭔가 바빴다. 요즘엔 '열심히' 사는 하루를 지양하려 한다. 좀 더 정확히 말하자면, '열심히만' 반복하는 하루는 피하고 싶다. 오늘을 복기해 본다. 팀장님과 소통을 잘하려 했고, 나의 비전을 위해 수업도 들었다. N잡을 위한 요양보호사 책도 챙겼다. 방향성이 있는 하루, 뿌듯하다.

그래도, 오늘은 다르게 살기로 했다

오직 하루. '나의 하루는 어떤 모습일까?'라는 질문을 던져 본 적이 있는가? 그 안에서 나는 어떤 의미를 찾아내고 있는지 생각해 본 적은? 초보 작가 열 명이 모여 각자의 하루를 담아낸 이 책은 이 질문에서 시작한다. 오늘 하루, 나는 누구와 무엇을 했는지, 어떤 생각을 했는지, 그래서 나는 오늘 하루를 통해 어떤 인생을 살려고 하는지.

책은 하루의 흐름에 따라 4장으로 구성되어 있다. 1장 새벽은 '리셋' 시간이다. 어제 무슨 일이 있었는지에 얽매이지 않는다. 어제를 가볍게 리셋하며, 새로운 하루를 다시 여는 각자의 생각과 경험을 담았다. 2장 오전은 '성장' 시간이다. 일과 상황에 몰입하면서 느꼈던 삶의 활력, 배움에 집중하면서 나를 바꾸는 작은 시도를 통해 새삼 깨닫게 되는 성장의 순간을 담았다. 3장 오후는 '연결' 시간이다. 지인들과 가족들과 소통하면서 서로의 생각을 나누며 나와 세상이 만나는 순간 느끼는 삶의 기회와 의미를 되짚어본다. 4장 저녁은 '기록' 시간이다. 오늘을 복기하고 남기는 따뜻한 습관을 통해 어제의 나와는 어떤 다름과 성장이 있었는지 사색하고자 했다.

글을 쓴 작가들 모두 평범한 사람들이다. 특별히 대단한 삶을 살지도, 화려한 경력을 가지고 있지도 않다. 그렇기에 그런 우리들이 쓴 이야기가 독자들에게 더 잘 들릴 수 있을 거로 생각한다. 열 명의 작가는 열 가지 색을 가졌다. 아이의 건강 회복을 위해 새벽에 사투를 벌이는 모습을 덤덤하게 담아내기도 하고, 일상의 모습에 유려한 은유를 담아낸 글은 보기만 해도 행복해진다. 극사실주의로 오늘 회사에서 있었던 일을 나열하는 것 같지만, 그 안에서 있었던 치열함을 엿볼 수 있기도 하다.

　이 책을 통해 우리가 전하고자 하는 바는 거창한 교훈이나 대단한 깨달음이 아니다. 그저 우리의 평범한 하루에서 우리가 메시지를 찾아낸 것처럼, 오늘 하루를 어떻게 의미 있게 살아가고 있는지의 경험을 나누고자 했다. 그럼으로써 당신의 다람쥐 쳇바퀴 같은 하루가 남다르게 특별해질 수 있기를 바랄 뿐이다. 우리는 글 쓰는 데 아주 익숙하지 않다. 그럼에도 불구하고, 우리 이야기를 세상과 나누고자 했다. 그렇기에, 우리의 글에는 진심이 담겨 있다. 열 명의 작가가 발견한 하루의 특별함이 당신에게도 닿을 수 있기를 바란다. 매일 반복되는 '오늘 하루'가 어떻게 '오직 하루'가 되는지 함께 느낄 것이다. 바쁜 삶 속에서 잠시 멈춰, 당신의 의미 있는 다른 하루를 발견할 수 있기를 희망한다.

새로운 시작을 여는 새벽 네 시,

최민욱

Chapter 4 저녁: 기록 오늘을 남기는 따뜻한 습관

Chapter 1

새벽: 리셋

하루를 다시 여는 시간

나에게 리셋이란,

삶의 방향을 설정하고, 미래를 향해 나아가게 하는 힘이다_김수인

어제보다 나은 오늘을 위한 새로운 시작이다_김한조

다시 시작할 힘을 만드는 과정이다_서진아

무심히 흘러가는 하루를 끊고, 존재를 깨우는 첫 숨이 된다_윤현아

새롭게 다시 시작한다는 것이다_이복선

매 순간을 내 삶의 가치에 정렬하는 것이다_이순덕

나를 새롭게 만들어 가는, 작고 단단한 시작이다_이윤경

절망 속에서 피어난 희망의 기록이다_이윤지

다시 시작할 수 있는 나를 받아들이는 일이다_정혜진

새로운 시작을 할 수 있는 '여유'다_최민욱

1

나를 깨우는 세 가지 습관

김수인

매일 아침 눈을 뜨면 어제와 똑같은 하루가 다시 시작된다. 알람을 다섯 번은 꺼야 겨우 일어난다. 욕실 거울을 보면 미간에 사나운 주름이 세 개쯤 잡혀 있다. 출근 준비를 하는 내 모습에 특별함은 없다. 이런 하루가 반복 되다 보면 삶은 점점 무채색으로 바래간다. 그렇게 특별한 것 없는 하루에 지쳐 있을 때, 문득 생각했다. "나는 나를 어떻게 깨워야 할까?" 나의 평범 한 하루에 변화의 씨앗이 필요하다.

출근길에 오른다. 집에서 회사까지 약 6km, 15분이면 도착한다. 하지만 회사 내 주차 공간이 부족해 늘 눈치가 필요하다. 다행히 오늘은 무사히 주 차를 마쳤다. 사무실에 들어서면 모두 각자 업무 준비로 분주하다. 나도 나 만의 아침 루틴 시작이다. 컴퓨터를 켠다. 익숙한 패스워드를 입력한다. 마 우스 패드 아래 숨겨둔 열쇠로 서랍을 연다. 일기장을 꺼낸다. 나와의 조용 한 대화의 시간이다. **하루는 내가 어떤 시선으로 시작하느냐에 따라 달라 진다.** 조용히 펜을 들어 하루를 시작하기 전 내 감정과 생각을 일기장에 적어 내려간다. 처음엔 어색했다. 점차 하루하루를 되돌아보는 일이 나를 지켜주는 의식이 되었다. 특히 아침에는 하루의 감정을 미리 써 보는 예감 일기를 쓴다. "오늘은 조금 느긋한 마음으로 살아보자." 이 문장을 적으며 하루의 방향을 스스로 선택한다.

아침 일기 쓰기는 오랜 습관 중 하나다. 밤에 쓰는 일기는 감성적이거나 자기반성적인 내용이 되기 쉽다. 아침 일기는 어제를 짧게 리뷰하고, 오늘 계획을 정리하기 좋다. 상쾌한 기분으로 긍정적인 에너지를 담아 일기를 쓴다. 전날 과음한 날은 "힘들다."라는 세 글자로 마무리할 때도 있다. 어떤 날은 쓸 내용이 많아 두 장을 꽉 채운다. 어떤 날은 이유 없는 불평불만으로 가득하다. 일기 쓰기는 아침을 시작하며 나의 하루를 어떻게 보낼지 결심하고 계획을 세우는 좋은 도구다. 기록되지 않은 역사는 역사라기보다 야사(野史)가 된다. 일기장 속 내 기록들이 모여 나를 만들고 나의 역사가 된다. 책상 서랍에는 열 권 남짓의 일기장이 쌓여 있다. 크기도 모양도 제각각이다. 처음에는 굴러다니던 가죽 표지의 노트에 일기를 썼다. 누가 보면 외상 장부처럼 보인다. 한 권을 다 채우는 데 오랜 시간이 걸렸다. 쓰다 말다를 반복했기 때문이다. 한 권을 다 채우고 일기를 읽어보았다. 1년 전에 했던 고민이 지금도 똑같이 내 고민 목록에 들어가 있었다. 아차 싶었다.

아이들이 어릴 때였다. 각자 방이 있어도 분리 수면이 잘 안되었다. 밤만 되면 안방으로 몰려드는 아이들 때문에 잠자리가 불편했다. 침대 하나에

모여서 자려니 자고 일어나면 잠을 잔 건지 만 건지 만신이 쑤셨다. 모두가 편하게 자려면 커다란 침대 두 개를 안방에 놓고 식구 넷이 한방에서 잠을 자면 되겠다고 생각했다. 그런데 1년 전 고민하던 문제를 그대로 고민하고 있었다. 여전히 티격태격 잠자리 싸움을 하며 불편한 잠을 자고 있었다. 간단히 해결하면 될 문제를 머릿속으로만 곱씹고, 실행을 못 하고 있었다. 알면서도 미루고 있었다. 그제야 나는 당장 침대 하나를 더 사들여서 안방에 침대 두 개를 넣고 모두가 편안하게 잠을 잤다. 그때 비로소 일기 쓰기의 필요성을 실감했다. 일기를 쓰면서 생각이 행동으로 옮겨졌다. 그 과정을 통해 내가 변화하고 있었다. 그 이후로 꾸준히 일기를 쓰기 시작했다. 그렇게 일기 쓰기는 나의 중요한 아침 루틴이 되었다.

일기를 쓴 후 10분 독서를 한다. 짧은 글 한 편이 하루를 시작하는 나의 정신을 맑게 깨운다. 나와 다른 삶을 살아온 누군가의 이야기는 마치 내 마음의 먼지를 쓸어주는 듯했다. 긴 독서가 아니어도 괜찮다. 짧은 독서는 내면을 새롭게 정비하는 강력한 도구다. 단 10분이라도 매일 나에게 다른 생각을 심어주는 일은 내가 머무르던 우물 밖으로 시야를 넓히는 일이다.

기본적으로 10분 읽기로 정해두지만, 시간 여유가 있으면 30분 정도 읽는다. 시간이 부족한 날은 3~5분이라도 책을 펼친다. 중요한 것은 독서량이 아니라 '매일 읽느냐 읽지 않느냐' 다. **균일하게 매일 하는 게 꾸준함이 아니라 하루도 빠지지 않고 실천하는 게 꾸준함이다.** 매일 처한 상황이 다른 데 어떻게 매일 똑같은 양의 독서를 할 수 있겠는가. 때로는 잘 자고 일어나 컨디션이 좋아서 책이 술술 읽힌다. 어떤 날은 머릿속이 복잡하고 도저히 책이 눈에 안 들어온다. 책을 적게 읽는 날은 있어도 안 읽는 날은 없다. 늘 손 닿는 곳에 책을 두고, 책 읽기가 습관이 되면 어느 순간 자연스럽게 책을 집어 들고 있는 나를 발견하게 된다. 혼자 읽기가 힘들면 함께 읽으면 된다. 독서 모임을 하며 매일 10분 같은 책을 읽고 온라인으로 읽은 책의 키워드를 기록하고 공유한다. 함께 하는 사람들이 있으면 매너리즘이 찾아와도 서로 격려하며 앞으로 나아갈 힘이 생긴다. 책을 읽고 생각을 나눈다. 함께 행동한다. 서로에게 서서히 스며들며 닮아간다.

아침 일기를 쓰고 10분 독서를 한 후 빨간색 텀블러를 들고 정수기로 간다. 그리고 냉수 한 잔 꿀꺽 들이켠다. 하루를 계획하고, 정신 수양까지 마친 후 마시는 냉수 한 잔은 새로운 하루를 위한 나만의 리셋 버튼이다. 몸이 깨어야 마음도 깨어난다. 차가운 냉수가 목을 타고 넘어가니 몸도 마음도 에너지가 차오른다.

아침 예감 일기, 10분 독서, 그리고 냉수 한 잔. 나를 깨우는 세 가지 습관의 조합이 꽤 마음에 든다. 처음엔 그저 해보자는 마음이었다. 하지만 반복하다 보니 어느 순간 내 하루가 다르게 느껴지기 시작했다. 특별한 일이 없더라도 내 삶을 능동적으로 조율한다는 자신감이 생겼다. 하루의 첫 발자국은 무의식의 연장이 아니라, 내가 의도한 새로운 출발이다. 나를 위한 새벽 아침 루틴은 하루 전체를 바꾸는 출발점이 된다. 오늘은 또 어떤 일이 벌어질까? 아무도 모르지만, 우리는 사뿐사뿐 오늘 하루를 살아낼 것이다. 내일은 새로운 하루로 리셋하며, 성장한 나를 만들어갈 수 있다. 그렇게 또 다른 하루를 만든다.

작가의
루틴 팁 하루를 다르게 살고 싶다면, 아침을 다르게 시작해 보세요. 일기 한 줄, 책 몇 쪽, 냉수 한 잔이면 충분합니다.

2

새벽의 달리기, 활기찬 하루의 시작

김한조

지난주 생각지도 못했던 택배가 하나 왔다. 보낸 이는 서울 마라톤 사무국이다. '마라톤? 신청한 기억이 전혀 없는데?' 작년에 짧은 마라톤 경기에 세 번 참여한 기억이 났다. '해가 지나서 뭘 보내주는 게 있나?' 생각하며 상자를 열었다. 일주일도 남지 않은 마라톤 대회 안내가 있다. 일정표와 참가 티셔츠, 배번 표가 들어있다. 카드 결제 내역을 찾아보니 작년 6월 신청한 게 맞았다. 작년 봄 처음 마라톤을 시작했고, 달리는 재미에 빠져 올해 대회까지 신청했었다. 1년도 지나지 않았는데 기억을 못 했다. 작년 가을까지는 매일 달렸지만, 날씨가 추워지며 웅크려졌다. 새로운 걸 도전하는 것까지는 좋았지만 금방 싫증을 냈다. 하루하루 미루면서 달리는 재미가 시들해졌다. 그렇게 겨울을 지내고 나서야 비로소 지속하지 못했다는 죄책감이 몰려들었다. 다음 주 대회에 참가는 못 하더라도 내일 아침부터 다시 달려야겠다는 마음으로 잠이 들었다.

남들은 새벽에 일찍 일어나기 위해 노력한다. 어떤 일이 계기가 되어 일어나는 사람들도 있다. 하지만 나는 잠이 많지 않다. 잠을 줄이려 애쓴 기억이나 늦잠을 자서 지각을 하는 경우도 거의 없다. 감사하게도 부모님께서 좋은 유전자를 물려주신 덕분이다. 회사 면접에서 장점이 무엇이냐는 질문에 "잠이 없습니다."라고 할 정도였다. 그때부터 잠이 없다는 것이 살아가는 데에 약간의 유리함을 가지고 있다는 것을 알고 있었나 보다. 하지만 게으름과 나태함은 장점들을 아무런 쓸모없이 만들어 버린다. 한동안 단지 "귀찮다."라는 이유로 꼼짝도 안 하고 말이다.

눈을 뜬 이른 새벽, 날씨는 아직 쌀쌀하다. 그렇다고 또 미루기는 싫다. 모자부터 귀마개, 마스크, 넥워머까지 중무장하고 신발 끈을 동여맨다. 다시 시작하는 기분에 가슴마저 설렌다. 5분, 10분 가볍게 걷고 달리기를 반복해 보니, 추위보다는 상쾌함이 온몸에 스며든다. 관절이 좋지 않아 빠르게 긴 거리를 달리지는 못하지만 5km 정도는 적당하다. 새벽에 눈 뜨자마자 나와서 달리는 기분은 점심, 저녁에 뛰는 것과는 또 다르다. 머리가 비워지며 맑아지는 느낌이 더 특별하게 다가온다. 다시 새벽 달리기를 시작한 지 일주일, 첫날에는 힘들고 긴장해서 보이지 않던 것들이 이제는 눈에 들어온다. 공사 현장에서 일하시는 분들, 출근 복장의 사람들, 애완견과 산책하는 이들, 자전거를 타는 사람들까지 다양한 풍경이 펼쳐진다. 계절의 변화도 느껴진다. 여기에 이렇게 풀이 자라 있었나, 날씨는 조금 더 풀린 것 같은데, 한 달만 지나면 아무것도 없는 나뭇가지에도 꽃이 활짝 피겠구나 하는 생각이 든다. 바람을 가르며 달릴 때마다, 몸과 마음으로 세상을 깊이 느낀다.

2년 전, 일이 잘 풀리지 않아 힘들었던 때 걷기를 시작했다. 공원, 주변 동네들을 한두 시간 걷다 보면 복잡한 생각들이 사라졌다. 처음에는 무릎도 아프고 몸도 이상했다. 하지만 1~2주 정도 지나니 몸이 적응한 듯 자연스러워졌고, 오디오북을 듣거나 풍경을 바라보며 걷기만 해도 시간이 금방 흘렀다. 걷기나 달리기는 같은 동작을 반복하기 때문에 신경은 자세에 집중하게 된다. 다른 생각을 할 겨를이 없다. 하루의 잡념을 없애 주기도 하고, 건강해지려면 뭔가 해야 할 것 같다는 생각에 주로 저녁 시간에 걷기를 했었다. 저녁 운동과 아침 운동은 각기 다른 매력이 있다.

달리기로 시작하는 아침에는 힘이 있다. 새벽부터 힘을 빼면 힘들지 않느냐고 물어보는 사람들도 있다. 그러나 달리기는 오히려 하루를 힘차게 시작할 수 있는 좋은 도구이다. 달리기만이 아니라, 예전에 수영으로 하루를 시작할 때도 새벽 운동이 주는 힘을 느낄 수 있었다. 새벽 운동은 하루를 시작하는 데 여러 장점이 있다.

첫째, 전날 무리를 하지 않는다. 새벽에 무언가 하는 것 자체가 힘들기에 전날부터 관리할 수밖에 없다. 선순환이다.

둘째, 하고 싶은 일을 할 수 있는 시간이 확보된다. 할 수 있는 일들이 많아지면서 기분 좋은 하루를 시작할 수 있다.

셋째, 성취감이 생긴다. 뚜렷한 목표를 가지고 일어났다는 사실만으로도 성공한 하루가 된다.

미국 해군 특수부대 네이비 실 출신인 윌리엄 H. 맥 레이븐은 "세상을 바꾸고 싶다면 침대부터 정리하라."라고 했다. 아침에 눈 뜨자마자 할 수 있는 성취감을 이루어내는 행동이기 때문이다. 이불을 개는 행동 하나만으로 성취감을 느낄 수 있다는데, 아침 운동처럼 내가 되고 싶은 사람이 되기 위한 행동 하나를 유지한다면 침대 정리 이상의 성취감을 느낄 수 있는 건 당연한 일이다. 새벽부터 마음이 채워지고 건강한 신체까지 덤으로 생기는 셈이다.

활기찬 아침은 끝이 아닌 오늘 하루의 시작이다. 이 아침의 에너지가 오늘 하루 전체를 힘차게 움직이게 한다. 불안하거나 어깨가 축 늘어진 사람이 곁에 있다면 나조차 우울한 기분이 든다. 감정이 주변 사람에게까지 영향을 미친다면 악순환보다 선순환이 더 낫지 않을까? 달리기로 아침을 시작하니 활기가 차오른다. 오늘 하루도 힘차게 달려보자. 새벽의 활기가 힘찬 하루로 퍼져 나간다. 내게 다시 돌아올 기분 좋은 결과도 기대해 본다.

사람들은 누구나 성장하기를 바란다. 어제보다 더 나은 오늘, 오늘보다 더 나은 미래를 원한다. 그래서 큰 목표를 세우고 장기적인 계획을 실행한다. 목표 달성을 위해 수많은 행동을 반복하고 변화하며 살아간다. **비록 건강, 물질, 감정, 정신 등 각자가 추구하는 목표와 가치는 다를지라도, 우리**

모두에게 주어진 시간의 조건은 같다. 그래서 하루의 시작이 무엇보다 중요하다. 어제의 힘든 일이나 걱정은 잠시 내려놓고, 오늘 아침을 새롭게 열어보자. 누구에게나 똑같이 주어진 이 시간을 어떻게 시작하느냐에 따라 하루 전체가 달라질 수 있다. 활기찬 아침이 곧 힘찬 하루로 이어질 것이다.

> **작가의 루틴 팁** 잠들기 전, 다음 날 새벽 운동을 마친 모습을 떠올리며 눈을 감아 보세요. 기대에 찬 마음으로 아침을 맞이하게 될 겁니다.

그래도, 오늘은 다르게 살기로 했다

완벽하지 않아도, 오늘도 도전해 보며

서진아

새벽 여섯 시부터 핸드폰 알람이 울린다. 알람을 모두 끄고 이불을 뒤집어썼다. 정신 차려보니 두 시간이나 지난 오전 여덟 시. 최후의 보루 여덟 시 반 알람을 껐다. 겨우 몸을 일으켰다. 제대로 잔 것도 아니고 알람과 싸우며 두 시간을 어영부영 보냈다. 일어나자마자 핸드폰을 확인한다. 밤새 연락이 올 때도 없다. 아무 의미 없이 유튜브 쇼츠를 본다. 벌써 열한 시다. 하루의 절반이 날아갔다. 남은 하루 동안 죄책감에 시달렸다. 새벽 기상에 다시 도전한다. 하지만 다음 날 아침이면 또다시 반복되는 악순환. 알람 소리에 실눈을 뜨고 '오늘은 일어나야지.'라는 의지와 '조금만 더 자야지.'라는 유혹이 싸움을 벌인다. 결국 나의 약한 의지는 강한 유혹에 힘없이 무너지고 만다. 그렇게 패배감을 안고 아침을 시작한다.

한때 나의 새벽은 활기찼고, 감사함으로 충만했다. 새벽 다섯 시 삼십 분, 알람 소리가 울리기도 전에 눈을 떴다. 그날을 잊을 수 없다. 어둠이 살짝 남아 있었다. 따뜻한 이불을 박차고 나왔다. 무거운 눈에 힘을 빡 주었다.

기지개를 힘껏 켠다. 다음은 십오 분간의 명상. 호흡에 집중했다. 그렇게 하루를 맞이했다. 명상이 끝난 후 감사 일기를 썼다. 작은 것에도 감사하는 마음을 담아 세 가지를 적었다. 첫째, 새벽 다섯 시에 일어날 수 있어서 감사했다. 둘째, 아침 식사용 검은콩 두유를 만들어 준 친구에게 감사했다. 셋째, 어제보다 명상이 더 잘 되어 감사했다. 박하향 가득한 치약으로 개운하게 양치를 하니 아침이 더욱 상쾌하다. 아침 햇살이 창가로 스며들기 시작할 무렵, 하루의 중요한 계획을 다이어리에 정리했다. 오전 아홉 시가 되기도 전에 이미 오늘 하루 할 일의 대부분을 마쳤다. 놀라울 만큼 힘이 넘쳤다. 일 처리 속도도 빨랐고, 집중력도 높았다. 마음이 가벼웠다. 시간이 내 편이 된 듯 넉넉했다. 만족감과 성취감이 온종일 나를 기쁘게 했다.

지금의 나와 그때의 나는 아주 다르다. 아침을 기적처럼 시작했던 내가 지금은 알람과의 전쟁에서 매일 패배하고 있다. 완벽했던 아침은 명상, 감사 일기, 운동, 독서가 계획대로 자연스럽게 이어졌다. 반면 지금은 알람을 끄고, 핸드폰을 확인하고, 무의미한 동영상을 보며 시간을 허비하고 있다. 그날의 나는 시간을 효율적으로 활용했지만, 지금의 나는 시간에 쫓기며 하루를 시작한다. 그날의 나는 성취감으로 가득 찼지만, 지금의 나는 죄책감과 후회로 하루를 보낸다. 그날의 나는 자신감이 넘쳤지만, 지금의 나는 스스로에 대한 실망감을 안고 산다.

새벽 기상에 실패하는 이유가 단순히 의지력의 문제일까? 아니면 생활

방식이 바뀐 것일까? 정답은 찾지 못한 채 매일 밤 "내일은 꼭 일찍 일어나야지."라는 다짐만 반복했다. 그러다 어느 날 문득 깨달았다. 하루를 완벽하게 만들어야 한다는 다짐이 나를 압박하고 있다는걸. 완벽한 미라클 모닝을 하지 못하면 오늘 하루 실패했다고 느꼈다. 그 부담감이 나를 더욱 무기력하게 만들었다. 처음엔 나를 자꾸만 질책했다. 왜 이토록 게으를까, 왜 작심삼일일까, 왜 그때처럼 못할까. 실패한 아침마다 자신에게 실망했고, 그 실망이 또 하루를 무겁게 만들었다. 하지만 어느 날, 거울 앞에서 힘없이 서 있는 나를 마주했다. 그저 조금 지친 사람, 더 사랑받고 싶은 사람, 위로가 필요한 사람이 서 있었다. 변화가 필요했다. '완벽한 루틴을 지키지 못해도 괜찮아. 그래도 여전히 나는 소중한 존재야!'라고 스스로 다독이기 시작했다. 그날 이후로 아침은 조금씩 달라졌다. '오늘은 잘했어!', '내일은 더 좋아질 거야!' 매일 아침 나에게 따뜻한 한마디를 건넸다. '내가 나의 가장 든든한 응원자가 되자!' 미라클 모닝은 결국, 나 자신을 더 잘 이해하고, 받아들이고, 사랑하는 방법이었다.

완벽함을 추구하는 대신, 작은 성공에 의미를 두기 시작했다. 어제보다 오 분만 일찍 일어나도 성공이다. 명상을 삼십 분 하지 못해도, 삼 분이라도 하면 그것으로 충분했다. 계획한 루틴을 모두 실천하지 못해도 스트레칭 몇 가지만 해도 괜찮다고 나를 격려했다. 작은 성공을 쌓아가다 보니, 점점 자신감이 생겼다. 실패하는 날도 많았다. 알람을 끄고 다시 잠들어버리거나 핸드폰만 들여다보다 아침 시간을 다 보내버리는 날도 있었다. 하지만 나는 미라클 모닝을 포기하지 않았다. 매일 아침 실패하더라도, 나는 다음 날 다시 도전했다. 그 과정에서 깨달았다. 미라클 모닝의 의미는 완벽한 아침 루틴이 아니라, 포기하지 않고 계속해서 도전하는 힘을 기르는 것이다.

이번 주 화요일, 나는 오전 일곱 시 삼십 분에 일어났다. 계획했던 새벽 여섯 시보다는 늦었다. 평소보다 한 시간 이상 일찍 눈 떴다는 사실만으로도 기뻤다. 오랜만에 느껴보는 새벽 아침이 반가웠다. 알람을 끄고 그대로 스마트폰을 들여다보던 지난날과는 달랐다. 창문을 열고 맑은 공기를 깊게 들이마셨다. 차가운 바람이 폐 깊숙이 스며들자, 정신이 맑아진다. 십 분간 명상하고 감사 일기를 세 줄 쓴다. "오늘도 상쾌한 아침을 맞이할 수 있어 감사합니다. 일찍 일어난 덕에 강아지 산책을 미리 갔다 올 수 있어 감사합니다. 포기하지 않고 매일 도전할 수 있는 에너지가 있어 감사합니다." 마음속에서 잔잔한 파도가 일었다. 비록 아침 요가는 못했지만, 자기 계발 책을 펼쳤다. 어느새 삼십 쪽을 읽었다. 완벽한 루틴은 아니었지만, 그날 아침을 충실히 살아냈다. 작은 성공이 큰 자신감을 주었다. 다음 날 여섯 시 삼십 분에 일어났다. 전날보다 한 시간 일찍 일어났다. 명상 후 감사 일기를 쓰고, 간단한 스트레칭까지 해냈다. 기분이 좋아진다. 주방에서 차분히 따뜻한 차를 끓인다. 혼자만의 조용한 아침 시간이 이렇게 소중한 줄 예전엔 미처 몰랐다. 다음 날, 늦잠을 자버렸다. 알람을 끄고 무의식중에 다시 잠들었다. 눈을 떴을 땐 이미 아침 아홉 시. 잠시 실망했지만, 나를 탓하지 않았다. 오히려 '어제 이틀이나 일찍 일어났잖아.'라는 위로를 건넸다. 완벽하지 않다고 해서 지금까지의 노력을 무효로 만들고 싶지 않았다. 실패가 아니라 과정의 일부라고 여겼다. 중요한 것은 포기하지 않고 도전하는 것이다. 어제보다 한 걸음 나아갔다면, 그건 분명히 '성공'이다.

진정한 성취는 한 번의 완벽한 성공이 아니라, 완벽하지 않아도 계속해서 도전하는 과정에서 나온다. 우리는 모두 실패와 좌절을 경험한다. 포기하지 않고 계속해서 도전하는 힘은 우리 삶의 모든 곳에서 빛을 발한다. 미라클 모닝을 향한 나의 여정처럼, 이 글을 읽는 독자도 자신의 꿈을 향해 한 걸음씩 나아가길 바란다. 오늘 완벽하지 않아도 괜찮다. 내일 다시 도전할 수 있는 자체가 우리 삶의 가장 큰 희망이자 기적이다. 내일 아침, 나는 또다시 알람 소리에 눈을 뜰 것이다. 그리고 선택의 갈림길에 서게 될 것이다. 다시 잠들 것인가, 아니면 일어날 것인가? **어떤 선택을 하든, 나는 나자신을 믿는다. 중요한 것은 단 한 번의 완벽한 아침이 아니라, 매일 가능성으로 시작하는 삶. 완벽하지 않지만, 포기하지 않는 것이다.**

> **작가의
> 루틴 팁**   거창하게, 완벽하게 할 필요 없습니다. 어제보다 오늘 조금 더 나아가면 돼요. 일 분 일찍 일어나기, 기지개 시원하게 켜기 등 아주 작은 것부터 시작해 보세요.

하루 성장을 이끄는 시간

윤현아

깜깜한 어둠이 옅어지고, 창밖에 희미한 빛이 스며든다. 그 새벽, 나는 '하루의 시작'이 이렇게 고요하고 맑을 수 있다는 걸 처음 알았다. 중학교 시절, 벼락치기 시험공부를 하며 처음 마주한 그 새벽의 감각은 아직도 내 마음속에 생생하다. 새벽 시간 내 머릿속은 놀랄 만큼 맑고, 방 안 공기는 새벽이슬처럼 상쾌했다. 온전히 혼자 집중하며, 무엇이든 도전할 수 있을 것 같은 시간이었다. 그렇게 시작된 하루는 예전과 분명히 달랐다. 여유가 생겼다. 시험 보는 기간이라 긴장하고 불안한 마음이 전혀 없는 건 아니었지만, 나는 그 새벽 에너지로 몸과 마음이 충분한 상태에서 기분 좋은 하루를 시작할 수 있었다. 그날은 유난히 길게 느껴졌다. 아침 햇살이 창문에 길게 드리워졌고, 나는 평소보다 훨씬 느긋하게 하루를 시작했다. 뭔가 달라진 나를 바라보며 스스로도 살짝 놀랐다. '하루가 원래 이렇게 길었나?' 싶을 정도로 그날을 충분히 느끼고 만끽하고 활용하며 시간을 보낼 수 있었다.

중요하거나 급한 일이 있을 때마다 새벽 기상을 활용하곤 했다. 하지만 대부분 일시적인 이벤트로 끝났다. 나는 원체 잠이 많다. 특별한 사유가 있는 날이 아니고서는 매일의 이른 기상은 엄두도 내지 못할 일이었다. 몇 년 전에 문득 평일만이라도 매일 새벽에 일어날 수 있다면 얼마나 좋을까 생각했다. 꼭 급하고 중요한 일이 없더라도 말이다. 그러다 대학원 선배가 자신의 블로그에서 매일 새벽 루틴을 한다며 인증 글을 올리는 것을 보았다. 존경과 놀라움을 금치 못하며 조심스럽게 물었다. 어떻게 그게 가능한지, 특별한 비결이라도 있는지 궁금했다. 그에게서 전혀 예상치 못한 답변이 나왔다. 새벽 기상 유료 모임이 있으니 한번 참여해 보라고 말이다. 한 달에 몇만 원 수준이라도 부담이 없진 않았다. 체계적인 인증 제도와 함께, 다른 이들의 새벽 인증을 보며 자연스레 그 분위기에 물들었다. 그렇게 2022년 여름, 주말을 제외하고 평일마다 새벽에 일어났다. 새벽 기상 인증은 당일 오후까지 반드시 해야 했다. 그것을 하지 못하면, 하루에 벌금 천 원이 부과된다. 나는 이상하리만치 그 '벌금 안 내기'에 목숨 걸었다. 작지만 아깝다는 마음이 강하게 들어, 고작 천 원이라도 벌금을 낸다는 건 도저히 참을 수 없었다. 악착같이 일어났다. 처음엔 여섯 시, 다음엔 다섯 시 삼십 분, 그리고 다섯 시, 결국 네 시 삼십 분까지. 점점 더 이른 새벽을 열었다.

새벽 루틴을 실천하면서 그 시간 동안 무엇을 할지 처음부터 딱 정해놓지는 않았다. 다만 급한 일보다 내가 진정으로 해보고 싶었던 일들을 했다. 새벽에 글쓰기, 독서, 운동, 자격증 공부, 경제 인터넷 강의 수강 등으로 시간을 보냈다. 그중에서 가장 꾸준하게 한 것은 새벽 운동이다. 마침, 집에 저렴한 가정용 러닝머신이 있었다. 처음에는 시속 6km/h 이상 빨리 걷기나 뛰기를 매일 삼십 분씩 하는 것으로 시작했다. 그 무렵 나는 김주환 교수의 『회복탄력성』을 읽고 있었다. 하루 삼십 분 운동이 왜 중요한지, 과학적 논거가 분명했다. '시간이 없다.'는 핑계를 내려놓고 운동을 우선순위에 두라는 따끔한 조언이 마음을 때렸다. 평일 퇴근하고 나른한 오후, 저녁 시간에 운동하기란 내게 여간 어려운 것이 아니었다. 하지만 다짐했다. 하루를 여는 시간에 운동을 하기로. 아무리 바쁜 날이어도 매일 빠지지 않고 운동하기 시작했다. 대단하고 특별한 운동을 할 필요도 없었다. 간단한 운동복만 갈아입고 가장 익숙하고 편안한 집 러닝머신 위에서 뛰기만 하면 됐다. 그때 내게 새벽 운동이란 살을 빼기보다 삶의 활력을 얻고 싶은 목적이 컸다. 하루를 다른 사람들보다 일찍 시작하는 것뿐만 아니라, 몸을 적극적으로 움직이면서 시작하는 하루는 예전 하루들과 달랐다. 이렇게 새벽 운동을 일 년 육 개월 이상 지속하니, 운동 외에도 다른 것들도 새벽 시간에 도전하고 싶은 욕심이 더 생겼다. 시간이 약간 빠듯하긴 했지만, 운동을 빼고 다른 일들을 하기는 싫었다. 그래서 운동은 유지하고, 앞뒤로 십 분에서 이십 분씩 여유를 더 확보했다.

그렇게 운동을 중심에 두고, 글쓰기나 공부는 시기별로 유연하게 바꿔가며 이어갔다. 이렇게 새벽 루틴을 해 나가면서부터 긍정적인 성과가 생겼다. 개인 저서를 낼 만큼의 책 한 권 분량의 초고를 완성하기도 했고, 경제

공부를 하며 투자금의 수익이 20~30% 이상 발생하기도 했다. 새벽 시간을 포함하여 자투리 시간에 읽었던 책들이 모여 일 년에 스물네 권 이상의 독서도 해냈다. 경제에 문외한이던 내가, 어느새 경제신문과 증시를 매일 챙겨보는 사람이 되었다. 이른 기상 루틴을 하기 전에는 직장을 다니면서 도저히 동시에 해낼 수 없는 일들이라고 생각한 것들을 차곡차곡 해냈다. 새벽에 일어나는 것 자체를 매일 해낸다는 자부심도 점점 커졌다. '나는 대한민국 1%다!'라고 생각했다. 정확한 근거는 없지만, 왠지 맞는 것 같았다.

최근에는 유료 모임 없이 혼자만의 의지로 고요한 시작을 유지하고 있다. 물론 혼자 하다 보니, 잠시 슬럼프에 빠져 몇 개월 동안 잠정적으로 새벽 기상을 일시 정지할 때도 있었다. 전날 밤 다양한 이유로 잠을 충분히 자지 못하면 이른 기상을 하지 못하는 날도 간혹 있었다. 하지만 지금은 오롯이 혼자서 하는 새벽 기상이 가장 나답고 편안하다는 생각이 든다. 새벽 기상은 나 자신에게 준 선물이다. 이미 일찍 하루를 여는 시간이 내 삶에 얼마나 긍정적인 변화가 생겼는지 충분히 경험했다. 그래서 이제는 누가 시키지 않아도, 내 안에서 우러나는 동기만으로도 충분히 이 루틴을 이어갈 수 있었다. 그리고 새벽에 일어나자마자 가능하다면 최대한 오로지 '나'에게만 집중하고 싶었다. 하루 중 온전히 '나'에게 집중할 수 있는 시간은 생각보다 갖기 어렵다. 그러나 새벽에는 가능하다. 외부적인 요인들에게서 벗어나서 내 마음과 생각, 행동에만 몰두한다. 다른 제도적인 틀이나 강제 없이도 새벽 다섯 시에 매일 일어날 수 있었다. 그러기 위해서는 무엇보다 전날 밤부터 다음날 기상을 준비해야 한다. 할 일은 되도록 낮에 최대한 한다. 밤이 되면 최소한의 일들만 처리한다. 일찍 잠자리에 들 생각을 미리 해야 한다. 전자 기기의 빛 자극은 되도록 최소화하여, 내 눈을 통해 뇌가 '이제 자야 할 시간'임을 인식하게 한다. 전기가 없던 시절은 자연스러운 일이었겠지만, 현대 도시에서 살아가는 우리는 그렇지 않다. 오히려 정신을 똑바로 차려야 한다.

더 이상 '살아지는 대로' 살지 않겠다. '살고 싶은 대로' 살기 위해, 오늘도 공부하고, 애쓰고, 실천하며 앞으로 나아간다. 모든 시작엔 새벽이 있다. 새벽은 나에게 주어진 가장 진실한 시간이다. 흘러가는 삶이 아니라, 그려 나가는 삶을 살아갈 시간이다.

> **작가의 루틴 팁** 하루의 시작 목표를 '작게' 정해보세요. '운동복 갈아입기'처럼 작아도 실천하면 자신감이 자라납니다.

나의 왼쪽 가슴을 토닥토닥

이복선

회사에 다닐 땐 일만 생각했다. 어떤 업무를 해야 하고, 누구를 만날지, 어떻게 협력업체와 소통할지 생각했다. 월 목표를 채우는 일도 늘 고민이었다. 일은 많지만 성과가 나지 않아 답답할 때가 많았다. 쌓인 업무와 매출 압박은 스트레스로 이어졌다. 사람 상대하는 직업이니 일할 때 내가 웃어야 한다고 세뇌했다. 주변 사람들은 항상 웃는 나를 보면 '초 긍정적인 사람'이라고 말했다. 하지만 몸은 그렇지 않다고 신호를 보내고 있었다. 단지, 눈 감고 모른척하고 있었을 뿐. 어느 날, 병원에서 진단을 받았다. 냉정했다. 낯설었다.

"환자분, 삼중음성 유방암입니다."

휴직을 신청했다. 일 대신 항암 부작용과 함께 하루하루를 보내는 삶으로 바뀌었다. 일 대신에 무기력, 근육통, 오심, 설사를 자주 만난다. 고통의 부작용을 견뎌야 내 몸에서 암세포가 사라진다는 사실을 생각하면, 고마운

녀석들이다. 꼭 만나야만 한다. 잘 떠나보내야만 한다. 그동안 아픔의 고통을 모르고 살았다. 한꺼번에 선물을 받았다. 몸의 소중함을 절실하게 느낀다. 주변 사람들의 걱정과 배려도 함께 다가왔다.

암 진단을 받았을 때 내 삶과 주변을 원망했다. 건강을 악화시키는 환경에서 벗어나지 못하는 내 모습이 바보처럼 느껴졌다. 일할 때는 집에 오래 있을 수 없었으니, 보이지 않는 것들이 대부분이다. 이제는 조금씩 보이기 시작했다. 좁은 집에 20년간 쌓인 묵은 짐들, 읽지 못하고 쌓아둔 책, 한 번도 입지 않은 옷, 쓰지 않은 그릇들이 여기저기 놓여 있다. 무심코 지나쳤던 낡은 물건들이 꼭 내 모습 같다. 그 사실을 인식하니 잘못 산 것 같다. 편향된 삶을 정리도 못 한 채, 어리석은 시간을 보냈다는 생각이 들었다.

아프기 전과 바뀐 건 아무것도 없다. 그저 편안하게 나에게 집중할 수 있는 환경이 만들어졌다. 특히 아침 식사를 마치고 동네 산책을 나선다. 우리 동네에 아기자기한 곳이 많았다. 대통령상까지 받은 유명한 재래시장. 그동안 몰랐다. 시장을 지나쳐 갈 때면 살아 있다는 생각이 든다. 다양한 물건과 상인들 목소리가 우렁차다. 주변은 이렇게 힘차게 살고 있었다. 아프지 않았을 때 느끼지 못했던 감사함이 봄 새싹처럼 새록새록 살아난다.

항암 마치고 돌아오던 어느 날, 가족들과 장어집에 갔다. 단백질 섭취가 중요하니까. 평소엔 외식 메뉴로는 생각하지도 않던 메뉴를 골랐다. 숯

불 위에서 바싹하게 구워진 장어를 생강 소스에 찍는다. 상추에 싸서 입안으로 가져간다. 채소의 상큼함과 장어의 고소함이 퍼진다. 마음이 급해 식히지도 않고 입안에서 넣어 요리조리 굴려보며 뜨거움을 달래본다. 다 먹기도 전에 내 손은 다시 상추로 향한다. 아픈 사람치고 공격적으로 먹는다. 살고 싶어서다. 어느 정도 배가 부르니 이제야 가족들에게 한마디 한다. "우리 다 같이 장어 먹은 적 있었나?" 가족들은 서로 바라보며 생각해 보지만 처음인 것 같다. "아프니까 모든 게 나쁜 건 아니네." 하며 미소를 짓는다. 어서 많이 먹고 이겨내자고 가족들이 나를 바라보며 눈으로 이야기한다. 그동안은 서로 바쁘다는 핑계로 가족끼리 식사하는 것조차 힘들었는데 이제는 핑계를 만들지 않기로 다짐했다. 사는 동안 무엇이 중요한지 하나하나 알게 되는 순간이다. 가족의 응원이 많이 힘이 되고, 앞으로도 필요할 것이다.

이른 새벽, 조용히 잠자리에서 눈을 떠 왼쪽 가슴을 만져본다. 혹시나 항암 2회를 진행했는데 암 덩어리가 작아졌을지 기대를 해본다. 참! 급하기도 하다. 오른손으로 토닥토닥하며 가만히 손을 내려놓는다. 사춘기 시절엔 가슴이 나오는 것이 부끄러웠다. 두 어깨를 움츠리며 걸어 다니기도 했다. 결혼하고 아이가 태어나 모유 수유를 했었다. 짧은 휴가로 한 달만 먹였지만, 열심히 모은 모유를 냉동실에서 꺼내주던 기억이 난다. 나의 왼쪽 가슴은 많은 일을 해왔다. 주인이 알아주지 않았는데도. 그 역할을 한다는 생각도 나는 못 했다. 내 몸을 소중히 여기고 감사하다고 생각하지 않았다.

미안하게도 아주 가끔은 거추장스럽다 생각을 한 적이 있다. 자신의 역할을 다 해낸 소중한 내 몸인데 감사함과 중요함을 몰랐다. 가슴을 토닥토닥해 본다. 조금은 늦었지만.

조용한 새벽 암 덩이와 대화를 한다. "네가 나타나서 감사해. 초대한 손님은 아니지만 함께 있는 동안 가르침을 받을 거야."라고. 이제는 마음의 준비가 필요하다. 암 환자가 된 이상 죽을 때까지 자신의 몸과 마음을 사랑하고 관리하자. 다음과 같이 다짐해 본다.

첫째, 스스로 몸을 사랑하자.

둘째, 어떤 아픔의 고통이 찾아와도 이겨내자.

셋째, 사람을 사랑하고 배려하자.

넷째, 죽음의 준비는 미리 하자.

다섯째, 살아서도 좋았고, 죽음도 좋다는 생각을 하자.

여섯째, 오늘부터 계획을 미루지 말자.

일곱째, 누구보다 내 인생을 나답게 살자.

조용히 나에게 하는 다짐만으로도 마음이 편안해진다. 누군가의 말이나 어떤 상황에도 나를 괴롭게 놔두지 않을 거다. 긴장하며 올라간 어깨가 자연스럽게 내려앉고 어깨와 목이 편안해진다. 먼저 토닥이니 내 삶이 위로받는 느낌이다. 세 번째 항암을 앞두고 새벽 마음 다짐을 하며 준비한다.

누구나 달려온 인생에 브레이크가 걸리는 순간이 온다. 그럴 때 후회가 밀려온다. 잘 살지 못해서 이런 일이 나에게 생긴다고 생각한다. 억울한 생각이 들면 남 탓도 시작된다. 주변 사람 모두가 적으로 변한다. 그럴 때마다 내 어깨에 손을 얹고 생각한다. 나는 대단한 사람이라고. 나를 칭찬한다. 그리고 곁을 지켜주는 사람들에게도 감사의 마음을 가지며 소중한 하루 의미 있게 시작해 본다.

소중한 하루처럼 아름다운 인생을 만들어갈 것이다. 멋진 옷을 입고 건물주가 되는 것만이 성공으로 가는 열쇠라고 생각하지 않는다. 어떤 누구도 인생의 꽃길만 갈 수는 없다. 꽃을 피우기 위해 땅을 파고 거름을 주고 밭을 갈고 뜨거운 햇살과 마주해야만 한다. 갑자기 오는 비바람도 견뎌내는 과정이 필요하다. 과정이 아름다운 인생, 지금의 그 시작이다.

**작가의
루틴 팁** 내 몸이 보내는 신호는 무엇이었는가? 자신에게 집중합니다.

6

지금 이 순간, 행복하기로 결정했다

이순덕

눈을 떴다. 곧 다섯 시 삼십 분 알람이 울린다. 오 년 째 이어지고 있는 기상 시간에 이제 '생체 알람'이 맞춰졌나 보다. 침대에서 미끄러지듯 내려와 화장실 거울 앞에 선다. 물 한 모금을 머금고 헹구어 뱉는다. 어젯밤 가글한 것과 사뭇 다른 약간 뿌연 물이다. 순간 희열이 느껴진다. 오늘도 박테리아에게 지지 않았다. 수면 중에는 타액 분비가 줄어 입안이 건조해져 박테리아가 잘 생긴다고 한다. 그래서 아침에 일어나자마자 첫 번째 침을 삼키기 전에 물로 가글하고 있다. 양치질까지 하고 나면 내 몸 중에서 입속이 가장 가벼워진다. 깨끗해진 이를 거울에 비춰보다가 나와 마주친다. 헝클어진 머리카락, 부은 얼굴. 풋! 웃음이 나지만 그래도 나름 귀엽다. "안녕, 잘 잤어?" 나는 미소로 답한다.

소파에 앉아 눈을 감는다. 명상을 위한 시간이다. 오래전부터 명상하고 싶었는데 혼자 하는 것에 대한 막연한 두려움이 있어 못하고 있었다. 명상이 아침 루틴 목록에 들어간 뒤에도 한동안 실행하지 못해 마음이 쓰였다.

정확한 순서나 시간을 정하지 않았던 탓이었다. 기존에 하던 활동은 특별히 정하지 않았어도 나름대로 순서가 있었다. 명상은 순서가 맨 뒤로 밀렸고, 앞 활동이 길어지면 못 하고 지나갈 수밖에 없었다. 이유가 명확해지니 해결책이 보였다. 명상 순서를 양치 다음으로 바꾼 후, 그제야 매일 실행하고 있다. 회차를 거듭할수록 내 숨이 마음 깊은 곳에 들어가기 위한 들숨 날숨의 수가 적어진다. 특히 아침일수록 그리고 생각이나 고민이 적을수록 더 쉽게 고요함에 닿는다. 주로 알아차림 명상을 하는데 최근에는 자비 명상을 하면서 가슴이 뜨거워졌다. '내가 건강하기를.', '내가 행복하기를.' 문구를 반복한다. 울컥! 눈물 날 것 같다. 생각해 보니 내가 바라던 건강하고 행복한 삶은 미래의 어느 날에 이루고 싶은 욕망이다. 자비 명상에서 반복하는 문구 속의 건강과 행복은 지금, 여기에서 나의 건강과 행복을 발견하게 한다. 오늘도 나와 그(녀)에게 사랑과 자비의 명상을 보낸다. "그(녀)가 건강하기를.", "그(녀)가 행복하기를.", "동물과 식물이 건강하기를.", "동물과 식물이 행복하기를."

이젠 책상으로 옮겨 앉아 책을 읽는다. 지금 읽고 있는 책은 나와 관계에 대해 사례를 중심으로, 심리학 관점으로 풀어가는 내용이어서 흥미롭다. 하지만 그 옆엔 내 시선을 사로잡는 아직 읽지 않은, 혹은 다시 읽어보고 싶은 책이 스무 권 정도 쌓여 있다. 제목만 읽어도 배부르다가도 어느 순간 '저 책들을 언제 읽지? 빨리 읽어야 하는데……' 하는 부담과 걱정이 생긴다. 이 책들 외에도 또 읽고 싶은 책이 생길 것이고 독서 모임에서는 새로운 책을 계속 제안할 것이기 때문이다. 읽어달라고 아우성치는 책들과 눈싸움을 벌이던 어느 날, 손님이 오기로 해 책꽂이에 정리했지만, 며칠 후 책상은 다시 책 탑으로 수북해졌다. 그럼에도 책을 읽어 내려가는 시간만큼은 황홀경이다. 한 걸음 한 걸음 네모난 문을 열고 걸어 들어가다 보면, 책 뒤편으로 펼쳐진 새로운 세상을 만나게 된다. 마치 앤서니 브라운의 그림책 『터널』 이야기에서 터널을 통과하면 환상의 세계가 펼쳐지는 것처럼 말이다.

그러고 보니 책은 정말 문을 닮았다. 그 문들을 통과하면서 보게 된 세상에 대한 이해와 성찰은 그 크기나 깊이와 상관없이 보기 이전의 세상으로 돌아가지 못하게 된다. 의식하든 의식하지 못하든 나의 내면에 동의한 생각으로, 이해한 방식으로 존재하면서 나의 선택과 삶에 지속적으로 영향을 미친다. 잊고 있다가도 비슷한 말을 듣거나 연결되는 상황이 생길 때 데자뷰처럼 떠오른다. 터널에서 돌아온 남매의 관계가 바뀌었듯 알게 모르게 내 삶에 화학작용을 일으키고 있음을 인식하고 있다. 작년 한 해 육십여 권의 책을 읽었다. 주로 자기 계발서, 전공서, 심리학, 경제 관련의 순이었다. 올해는 그림과 심리, 경제, 소설류를 만나려 한다. 생소한 영역이라서 지루함의 관문을 넘어야 하거나 문지기의 퀴즈를 맞혀야 할 수도 있겠지만 모험을 시작할 것이다. 삼십 분을 정해두었지만, 다음 이야기가 궁금해서 늘 멈추지 못한다. 오늘도 책 속 잘 보이지 않는 곳에 밑줄을 긋는다. 깨달음은 명사에도 있지만 가끔은 조사에도 있음을 놓치지 않고 싶다.

갤럭시 노트탭 앱을 열어 플래너를 띄운다. MBTI 유형이 P형이지만 매일 아침 계획을 세운다. J형처럼 움직이기 위해서다. 오전엔 교사로서 아이들을 가르치고, 오후엔 행정 업무를 처리한다. 오전은 정해진 수업계획 덕분에 분주하게 지나간다. 문제는 오후다. 급한 한 가지 일을 마치고 나면 '이젠 뭘 해야 하지?' 하며 당장 생기는 이슈들을 따라 우왕좌왕한다. 분주했지만 마무리한 일이 별로 없는 하루를 보낸 날은 허탈하기까지 하다. 심지어 동료의 고민을 들어주다가 중요한 보고서를 놓친 적도 있다. 계획에 없었던 나의 오지랖은 결국 야근으로 이어졌다. 오지랖의 최후였다. 계획을 세웠다고 모두 실천되는 것은 아니다. 그럼에도 계획을 세우는 이유는 분명하다. 계획이 있다는 것만으로도, 하루를 잘 살아낼 수 있다는 기분이 들기 때문이다. 나와의 작은 약속을 지켰다는 뿌듯함. 그거면 충분하다. 하루 일과가 눈에 들어오면 더 여유가 생긴다. 기쁜 일이 생길 순간을 미리 기대하고, 감사할 순간을 놓치지 않고 표현할 수 있다. 부족하면 부족한 대로, 넘치면 넘치는 대로 만족할 것이다. 계획이 있는 오늘 하루는 이미 내 편이다.

나의 새벽은 이성보다는 감성이 작용하는 시간이다. **오늘 매 순간을 행복하게 살기로 다짐하고 결정하는 선택과 리셋의 시간이다.** 의미치료를 창시한 빅터 프랭클은 『죽음의 수용소에서』라는 책에서 이렇게 말했다. '자극과 반응 사이에는 공간이 있으며, 그 공간에는 자신이 어떻게 반응할지 선택할 능력과 자유가 있다.' 나에게 그 공간이 바로 새벽이다. 세상이 움직이기 전, 나는 마음의 방향을 결정하고 행복을 선택한다. 하루를 계획한다는 건 단지 일정만 채우는 일이 아니다. 매 순간에 오롯이 전념하는 태도를 리셋하는 일이다. **행복은 현재와 미래 사이, 전념하는 순간에 존재한다.**

> **작가의 루틴 팁** 아침에 일어나자마자 가글해 보세요. 상쾌함이 온몸으로 전달되어 가뿐해지고 다음 행동을 할 수 있는 원동력이 됩니다.

5 a.m, 나를 마주하는 첫 시간

이윤경

'굿모닝! 하루를 시작합니다!'

불 꺼진 방 안 새벽 다섯 시, 알람과 함께 카톡 메시지가 도착한다. '5 a.m'이라는 이름으로 모인 열다섯 명의 새벽러들이다. 다양한 직업을 가진 사람들의 모임, '낯선대학'에서 만났다. 느슨한 관계를 맺어가는 커뮤니티인 '낯선대학'에 나는 작년 7기로 합류했다. 우리는 지난 일 년간 매주 돌아가며 각자의 삶을 강의했다. 여기서 만난 구성원 중 새벽 시간을 더 의미 있게 보내고 싶었던 몇 명이 모여 하루를 일찍 시작하기로 했다. 그렇게 나의 '5 a.m'이 시작되었다.

새벽 다섯 시 기상은 처음은 아니다. 코로나가 일상을 뒤흔들던 시절, 무너지지 않을 것 같았던 안정적인 직장도 흔들리기 시작했다. 어린아이들이 많이 모이는 공간이다 보니 오프라인 매출은 반토막이 났다. 함께 운영하던 기업들의 마케팅예산도 줄면서 회사의 매출구조 전체가 무너졌다. 업계에서 누구나 인정하는 대한민국 1위 회사였다. 직장생활 십 년 차, 그때 처음으로 깨달았다. 이 세상에 '절대'라는 건 없다는 것을. 그런 생각이 드는 순간 '언제까지 지금 하고 있는 일을 할 수 있을까?'라는 두려움이 몰려왔다.

무급 휴직을 신청받는다는 소문이 나오던 날이었다. 평소보다 일찍 끝난 회의실에서 휴대전화를 보다 우연히 '미라클 모닝'이라는 단어를 발견했다. 새벽 다섯 시에 일어나는 건 직장인으로는 불가능해 보였지만, 그 말도 안 되는 시간에 일어나 뭐라도 해야 할 것 같았다. 다음 날부터 바로 실행했다. 무엇을 할지 정하진 않았지만 일어나면 무엇이라도 하게 될 거라 믿었다. 미뤄왔던 자격증 공부를 다시 시작했고, 뒤바뀐 세상을 이해하려고 독서도 시작했다. 짬이 날 때마다 나만의 사업을 구상하며 시간을 보냈다. 그 시간에 쌓은 내공과 자격증 덕분이었을까? 새로운 회사로 이직할 기회가 찾아왔고, 직장인으로 다시 안정감을 찾았다. 그렇게 새벽 루틴은 자연스럽게 멀어졌다. 하지만 안정감은 생각보다 오래가지 않았다.

이십 대를 맞이할 때는 들떴고, 삼십 대를 맞이할 때는 기대됐다. 그런데 사십 대는 무거웠다. 아직 사십 대의 문턱을 넘지도 않았지만, 또래들의 희망퇴직 이야기가 들려온다. 구조조정, 고령화, 노후 준비, 연금 부족과 같은 현실적인 단어들이 예고 없이 등장했다. 더 이상 누군가의 이야기가 아니었다. 너무 두려웠다. 나는 '마흔'을 다룬 책들이 보일 때마다 망설임 없이 구매해서 읽었다. 『김미경의 마흔수업』, 한성희의 『벌써 마흔이 된 딸에게』, 강용수의 『마흔에 읽는 쇼펜하우어』, 부아C의 『마흔, 이제는 책을 쓸 시간』 등 수많은 책을 읽으면서 마음에 뜨거움이 올라왔다. 나도 당장 뭔가를 준비해야만 할 것 같았다. 하지만 막상 구체적으로 무엇을 해야 할지, 어디서부터 시작해야 할지 감이 잡히지 않았다. 삶이란 그저 열심히 살면 어디론가 흘러가는 것이라고만 생각했던 나였다.

답답함 속에 있던 나에게 '낯선대학' 사람들과의 만남은 강력한 자극제가 되었다. 나름 성실하게 살아왔다고 자부했지만 내가 만난 쉰여덟 명의 삶은 훨씬 단단하고 유연해 보였다. 매주 구성원의 이야기를 들을 때마다 나도 삶을 더 깊고 단단하게 채워야겠다는 생각이 들었다. 하루는 대기업을 다니다 플로리스트로 직업을 바꾼 언니의 강의를 들었다. 그녀 역시 직장 생활을 하다가 어느 순간 '이 일을 언제까지 할 수 있을까?'라는 고민이 들었다고 한다. 그 고민을 시작으로 스쿠버다이빙, IT 자격증, 코딩, 외국어 공부 등 삼 년 동안 시간 날 때마다 틈틈이 새로운 것을 배웠다고 했다. 다양한 경험 속에서 마침내 '좋아하고, 잘할 만한 것'을 발견했고, 지금까지 해왔던 일과는 정반대의 새로운 삶을 시작했다. 그 이야기를 들은 뒤 나 자신을 들여다보았다. '나는 무엇을 좋아하지?', '나는 무엇을 잘할 수 있을까?' 어느 것 하나 답을 낼 수가 없었다. 회사의 목표와 프로젝트를 위해서는 끊임없이 기획일을 해 왔었다. 하지만 정작, 내 삶은 한 번도 스스로 기획해 본 적이 없었다.

그래서 다시 시작했다. 미라클 모닝을. 뭘 해야 할지 몰라서. 내가 뭘 좋아하는지도 몰라서, 나를 알아보기로 했다. 답이 없어 시작한 새벽이었다. 어떻게 시간을 보낼지 고민하던 중 읽기만 했던 줄리아 캐머런의 『아티스트 웨이, 마음의 소리를 듣는 시간』이라는 책이 떠올랐다. 이 책은 매일 글쓰기를 통해 내 안의 소리를 발견하고 창의력을 회복하는 방법을 알려준다. 그때의 나에게 가장 간절했던 건, 내 마음 깊은 곳에서 울리는 진짜 목소리를 듣는 일이었다. 나는 책에서 제시한 방식대로 매일 새벽 눈을 뜨자마자 모닝 페이지를 쓰기로 마음먹었다. 처음에는 아무 말이나 썼다. 어제 있었던 일들, 나를 힘들게 한 사람들, 이유 없이 짜증 났던 순간들. 줄줄이 나열하다 보면 어제 하루를 정리한 일기 같았다. 그래도 꾸준히 써 보았다. 일주일, 한 달, 두 달, 시간이 지나자 어느 순간 모닝 페이지를 통해 나를 돌보고 있는 나 자신을 발견했다. 그동안 나는 자신에게 가장 엄격했었다. "넌 왜 그거밖에 못 했니!", "그때 왜 그렇게 행동했어?", "조금 더 잘해 보지.", "그런 말 하지 말지!" 날카로운 말들을 내가 늘 나에게 던지고 있었다. 스스로를 가장 돌보지 못했다. 하지만 모닝 페이지를 쓰며 "그래도 괜찮아.", "오늘은 여기까지면 됐어."라는 말들이 나에게서 흘러나오기 시작했다. 나를 몰아세우던 말투가 어느새 나를 다독이는 목소리로 바뀌어 있었다. 모닝 페이지를 쓰면서 나는 비로소 나 자신을 만났다. 새벽은 이제 나와 솔직하게 마주하는 시간이다. 더 이상 낭비되는 시간이 아닌, 내 삶의 가장 중요한 루틴이다.

모닝 페이지의 작성을 마치면, 평소에는 엄두도 내지 못하던 두꺼운 책을 꺼낸다. 소위 벽돌책이라 불리는 책들이다. 들고 다니기도, 완독하기에도 쉽지 않은, 언젠가 읽겠다고 숙제처럼 남겨졌던 책들을 매일 십 분, 길게는 이십 분씩 읽기 시작했다. 짧은 시간이 쌓이자 어느새 책 한 권이 끝났다. 그렇게 조시 카우트만의『퍼스널 MBA』, 김주환의『내면소통』, 스티븐 코비의『성공하는 사람들의 7가지 습관』, 유발 하라리의『사피엔스』,『넥서스』등을 완독했다.

예전 같으면 '안 돼!', '못 해!', '에이, 십 분 가지고 뭘 해?'라며 늘 할 수 없는 이유부터 찾았었다. 하지만 벽돌책을 끝내며 할 수 있다는 자신감이 생겼고 지금은 '십 분이라도 하면 된다.'로 바뀌었다. 새벽은 낯선 나의 변화를 미리 만나는 시간이었다. 모닝 페이지가 매일 쌓였고, 매일의 십 분이 쌓였다. 한 달이 지나자, 책 한 권을 끝냈고, 또 한 달 뒤엔 내가 조금 더 좋아졌다. 그 시간이 나를 조금 더 앞으로 나아가게 했다. **새벽의 조용하고 작은 성취는 나를 믿게 만든다. '넌 마음만 먹으면 무엇이든 할 수 있다고.', '오늘 하루를 누릴 자격이 있다고.' 하루를 바꾸는 건 생각보다 아주 작은 것일지도 모른다. 그 믿음 하나면 뭐든 할 수 있다.**

작가의 루틴 팁 눈을 뜨면 가장 먼저 나에게 다정하게 인사해 보세요. 그 순간부터 오늘 하루는 나를 위한 시간으로 바뀝니다.

매일 새벽 한 시, 알람이 울리는 이유

이윤지

새벽 한 시, 캄캄한 방 안에서 알람이 울린다. 황급히 끄고 눈을 비빈다. 마른 발바닥과 장판이 맞닿으면 쩍쩍 소리가 날까 봐 양말을 신고 살금살금 주방으로 가서 간접 등을 켠다. 원기둥 모양의 옥수수 전분 통을 열고 냉수를 넣어 녹인다. 특수 분유 통에는 온수를 넣어 휘젓는다. 부드럽게 잘 저어지면 하나의 젖병에 섞어 담는다. 이번에는 혈당측정기를 꺼낸다. 한 개에는 혈당 시험지를 꽂고, 다른 한 개에는 케톤 시험지를 꽂는다. 볼펜 모양으로 생긴 기계에는 바늘을 꽂는다. 알코올 솜과 원형밴드까지 빠진 건 없는지 한 번 더 확인한 후 모두 쟁반에 담는다. 이렇게 두 아이의 것을 준비한다.

방문을 두 뼘 정도 열어두어 희미한 불빛이 방 안으로 들어오도록 한다. 어둠 속에서 첫째 아이의 발뒤꿈치를 찾는다. 알코올 솜으로 닦고 바늘로 찔러 핏방울이 맺히도록 한다. 혈당수치 70, 케톤 수치 0.1. '이 정도면 괜찮군.' 젖병 꼭지로 아이의 입술을 톡톡 친다. 고개를 휙 돌리더니 몸을 두

50   그래도, 오늘은 다르게 살기로 했다

바퀴 정도 굴려 도망간다. 이번에는 아이의 양손을 끌어다가 젖병을 스스로 잡게 자세를 취해본다. 다시 아이의 입에 갖다 대니 입술이 살짝 열린다. 젖병 꼭지가 쏙 들어간다. '휴, 일단 절반은 성공이다.' 아이는 익숙하게 꿀꺽꿀꺽 삼킨다. 하지만 잠결이라 그런지 속도가 점점 느려진다. '아, 안돼. 아직 많이 남았단 말이야. 조금만 더 힘을 내주렴.' 천장을 향하고 있는 젖병 바닥을 톡톡 두드린다. 아이의 입술이 잠에서 깨어 다시 젖병 꼭지를 빨기 시작한다. 그렇게 100mL를 모두 마신다. '고마워.'

이번엔 둘째 아이다. 혈당수치 80, 케톤 수치 0.1. 다행히 수치는 정상이다. 젖병 꼭지로 입술을 톡톡 쳤더니 반대쪽으로 고개를 휙 돌린다. 두 번, 세 번 시도하지만, 여전히 온몸으로 거부 의사를 표현한다. 이럴 때는 어쩔 수 없다. 우선 혈당이 유지되니 몇 분 기다려 준다. 십 분 뒤에 입술을 다시 건드려 보지만 오히려 더 꾹 다물 뿐이다. 그렇게 십 분, 이십 분, 삼십 분, 한 시간. 시간만 흐른다. 혈당수치가 80대에서 70대로, 60대로 뚝뚝 떨어진다. '제발 마셔줘!'

어둠 속에서 조용한 사투를 벌이다 보면 결국 혈당이 50대까지 떨어진다. 이럴 땐 더 이상 기다려 줄 수 없다. 둘째 아이를 품에 안고 옆 방으로 자리를 옮긴다. 불을 켜니 눈이 부시다고 인상을 찌푸린다. 얼른 캐릭터 주스를 꺼내 아이에게 먹이려고 시도한다. 주스보다 한밤중의 잠이 더 달콤한지 아이는 몸부림을 친다. 어쩔 수 없이 주스를 약통에 옮겨 담는다. 잠결이라 사례에 들리지 않게 조심하며 강제로 먹인다. 아이는 자기 목에 주스가 넘어가는 것조차 모른 채 계속 잠에 취해 있다. 아이의 건강을 위해 절대 먹어선 안 될 캐릭터 주스이지만 저혈당 쇼크를 예방하기 위해서는 어쩔 수 없다. 불행인지 다행인지 주스를 마시면 혈당이 금세 오른다. 십 분 뒤 80, 삼십 분 뒤 110까지 오른 것을 확인한 뒤에야 한숨을 돌린다.

사용한 모든 도구를 정리한 뒤 알람을 확인하니 다음 식이 시간까지 채 두 시간도 남지 않았다. '그래도 이게 어디냐. 조금이라도 자자.' 눈을 감아 보지만 조금 전 둘째 아이와 사투를 벌인 탓에 잠이 오지 않는다. 눈을 끔뻑끔뻑하다가 괜히 아이들의 머리를 쓰다듬어 본다. '아이들이 아프지 않았다면 나도 이 시간에 좋은 꿈을 꾸고 있었을까?' 잠시 상상해 보지만 쓸데없는 생각인 것 같아서 고개를 젓는다.

생각을 전환하기 위해 SNS에 접속한다. 첫째 아이와 같은 반 친구가 짜장면 소스를 얼굴에 다 묻히고 먹는 사진이 보인다. 입꼬리는 올라갔지만, 코끝은 시큰했다. 이번에는 다른 아이가 막대사탕을 먹는 사진이다. 생크림 케이크와 아이스크림 사진이 뒤를 잇는다. 서둘러 화면을 내린다. '아악, 제발 그만해!' 우리 아이들과 함께 할 수 없는 장면들이기에 오래 보고 싶지 않다. 두 눈을 질끈 감아 베개로 눈물을 떨어뜨린다. 심호흡을 두 번 하고 이번엔 사진첩을 연다. 우리 아이들의 사랑스러운 모습을 보고 찜찜한 마음을 달랜다. 세상에서 가장 슬픈 미소를 지은 채 스르륵 잠이 든다.

그래도, 오늘은 다르게 살기로 했다

새벽 다섯 시, 다시 알람이 울린다. 찌뿌둥한 몸을 일으켜 살금살금 주방으로 간다. 다시 시작이다.

사랑스러운 두 아이는 모두 '당원병'이라는 희귀 난치질환 환아다. 당원병은 선천적으로 몸의 에너지인 혈당을 만드는 효소가 없어 저혈당 쇼크 등 생명에 위험을 초래할 수 있는 질환이다. 탄수화물, 과일, 우유 등 음식을 통해 섭취되는 모든 당에 대한 분해 효소가 없다. 관리 방법이 잘 알려지지 않았던 과거에는 생후 일 년 안에 사망했다고 한다. 현재도 치료제나 수술법이 없다. 그저 철저한 음식 제한과 혈당 관리를 통해 생명의 끈을 이어가고 있다. 식단 관리를 엄격하게 해야 한다. 한 번에 많은 양을 먹으면 간에 무리를 줄 수 있기에 조금씩 자주 섭취하는 방법이다. 삼시세끼, 간식, 옥수수 전분물을 모두 합쳐 하루에 총 열두 번의 식사를 한다. 어느 날은 한 번에 먹을 수 있는 양이 적어서 밥을 더 달라며 보채는 아이를 달래며 함께 운다. 어느 날은 밥 먹을 기운조차 없는 모습에 속이 타들어 간다. 특히 밤이 위험하다. 밤에도 혈당이 떨어지는 것을 막기 위해 알람을 맞춰놓고 혈당을 확인한 후 옥수수 전분물을 먹여야 한다. 영유아들은 자신이 자다 말고 걸쭉한 액체를 마셔야 하는 이유를 모르기에 억지로 먹이는 일은 힘에 부친다. 그래도 반드시 먹어야 하기에 매일 밤 두세 번씩 아이와 사투를 벌인다. 아이의 진단 후 단 하루도 마음 편히 잔 적이 없다. 아니, 잠들지 못했다. 혹여나 알람 소리를 듣지 못하면 아이에게 저혈당 쇼크가 발생하니까. 사람들은 내가 어떻게 버티고 있는지 궁금해한다. 직장을 잃는 것으로 대신 대답할 수 있겠다.

매일 밤을 지새울 때마다 친정엄마가 생각난다. 어렸을 적 엄마는 이따금 깊은 서랍 속을 반복해서 확인하셨다. 아주 귀한 것을 꺼내듯 조심히 꺼냈다가 어루만지고 다시 넣어두는 식이었다. 하루는 그게 뭐냐고 여쭈니 엄마는 머뭇거리다가 내게 보여주셨다. 누렇게 바랜 종이 뭉치는 꽤 두툼했다. 자세히 살펴보니 타자기로 작성한 자작시였다. 그렇게 수줍은 엄마의 미소는 처음 봤다. 하지만 결혼하고 나를 키우느라 당신의 삶에서 시를 덜어냈다. 대신 엄마라는 울타리 안에 아빠와 내가 채워졌다. 혼자만의 시간을 갖고 싶었을 텐데도 가족들의 끼니를 챙겨주느라 여행조차 못 가셨다. 엄마의 쳇바퀴 같은 삶에도 숨구멍이 필요했었을 텐데 말이다. 엄마도 다른 사람으로 살아보고 싶었겠지?

살다 보면 바꿀 수 없는 것, 그리고 통제할 수 없는 것과 마주하곤 한다. 그런 조건에서 살아가야 한다면 바꿀 수 없는 것에 얽매여 힘들어하기보다는 그것을 삶의 일부분으로 받아들이고 싶었다. 그래야 이 상황에서도 살아가야 하는 삶의 의미를 찾을 수 있을 것 같았다. 아이가 아픈 현실은 바꿀 수 없지만 내가 무엇을 할 것인지는 선택할 수 있었다. 멀리 나갈 수 없으니 집 안에서 할 수 있는 것이어야 했다. 월급을 벌지 못하니 돈이 적게 들어야 했고 시간도 줄이고 싶었다. 정답은 책이었다. 며칠이 걸렸는지 정확히 기억나진 않지만, 악조건 속에서 첫 번째 책 한 권을 다 읽어냈다는 뿌듯함은 나를 두 번째 책으로 이끌었다. 그렇게 일 년을 읽다 보니 이제는 내 이야기를 쓰고 싶다는 생각이 밀려왔다.

누군가의 삶이 내 삶에 들어와 있는 것이 살아야 하는 이유가 되어 주기도 한다. 내가 버텨야 그들도 살릴 수 있으니 말이다. 내 삶에 들어온 아이들 덕분에 내 삶이 새롭게 세워졌다. 아이들이 없었다면 내가 과연 책을 쓰겠다고 생각이나 했을까? 사랑은 말없이 누군가를 세워주는 기둥이다. 두 아이를 돌보며 얻은 삶을 대하는 태도를 이제는 글로 표현할 차례다. 글에 온기를 담아 세상으로 띄워 보낼 것이다. 내가 세운 세상이 어느 독자의 빈 곳을 채워주기를 기대하며 나의 이야기가 필요한 사람에게 가닿기를 바란다.

작가의 루틴 팁 무탈하게 지나간 밤에 감사하며, 새롭게 주어진 오늘을 기분 좋게 시작해 보세요.

9

퇴사가 남긴 선물, 새벽 루틴의 힘

정혜진

매일 새벽 다섯 시 삼십 분, 알람이 울리기 전에 눈이 떠진다. 씻고, 화장하고, 옷매무시를 정리한 뒤 여섯 시 이십 분에 집을 나선다. 한여름을 제외하면 아직 어둠이 채 가시지 않은 시간. 조용한 새벽 공기 속으로 발걸음을 내디딘다. 회사에 도착해 커피 한 잔을 들고 자리에 앉아 노트북을 켜면, 자연스럽게 모니터 오른쪽 아래 시계로 시선이 간다. 일곱 시. 공식 출근 시간은 여덟 시 삼십 분이지만, 동료들이 하나둘 들어오기 시작하는 여덟 시까지는 온전히 나만의 시간이다. 그 시간이 참 좋았다. 사회 초년생 시절부터 나는 언제나 한 시간 이상 일찍 출근했다. 단순한 이유에서 시작되었다. 붐비는 지하철에서 사람들에게 치이는 것보다 차라리 한 시간 일찍 일어나는 게 낫다고 생각했고 나에게는 그게 더 쉬웠다. 자차로 출근하게 된 후에는 꽉 막힌 도로에서 시간을 허비하는 것은 생각만 해도 끔찍했기 때문에 계속해서 일찍 출근했다. 그렇게 이십 년 가까이 반복한 이른 출근은 어느새 나의 일상이자 정체성이 되어 있었다. 일찍 출근한다고 해서 업무 평가가 좋아지는 것은 아니지만 덕을 본 것도 사실이다. 기본적으로 일 잘한다는 소리를 많이 들었는데 여기에 '언제나 한 시간 이상 일찍 출근하는 사람'이라는 부지런하고 성실한 이미지까지 더해져서 회사 내에서 좋은 평가와 평판을 유지할 수 있었다. 하지만 솔직히 말하면, 이른 출근은 회사를 위한 것이 아니라 순전히 나만을 위한 것이었다. 책상 위에는 항상 처리해야 할 일들이 쌓여 있었지만, 나는 공식적인 출근 시간까지는 쌓여 있는 일들에 시선을 주지 않았다. 내가 좋아하는 그 시간을 회사 일로 채우는 것이 왠지 아깝게 느껴졌다.

그 시간은 오롯이 나를 위한 시간이었다. 읽고 싶은 글을 읽고, 영어 공부를 하고, 가끔은 내 마음을 위한 글을 썼다. 한 시간을 이십 분, 삼십 분 단위로 쪼개어 계획적으로 사용하니 긴장감이 생겨 집중력을 높일 수 있었다. 우선 '폴인'이나 '롱블랙' 같은 콘텐츠 구독 서비스를 활용해 트렌드 관련 글을 읽었다. 마케터로서 하루가 다르게 변하는 마케팅 환경을 따라잡는 건 언제나 100m를 전력 질주하는 듯했다. 100m만 죽을힘을 다해서 뛰면 결승지점이 나오고 쉴 수 있을 줄 알았는데 또 다른 100m가 언제나 기다리고 있었다. 빠르게 변화하는 트렌드를 파악하기 위해서는 꾸준한 공부가 필요했다. 어떤 트렌드가 나타나고 있는지, 그 배경은 무엇인지, 그 현상을 통해서 어떤 인사이트를 얻고 내가 하는 일에 적용할 수 있는지 등 생각하는 시간을 가졌다. 다음엔 영어 공부를 했다. 매달 'EBS 파워잉글리쉬'를 구매한다. 하루 삼십 분 공부하기에 좋은 분량으로 구성되어 있다. 부담 없이 공부하기에 딱 좋았다. 하루 삼십 분 공부로 영어 실력이 탁월하게 향상되는 건 기대할 수 없지만 최소한의 실력 유지는 도움 되었다. 매일 아침 일곱 시, 이른 출근을 반복했다.

어느덧 퇴사한 지 일 년이 지났다. 그 누구보다 조직 생활을 잘 해낼 것 같았던 나에게 심각한 번아웃이 찾아온 까닭이었다. 말로만 듣던 공황장애와 비슷한 증상이 나타났다. 불면증이 심해져서 정신과 상담을 받았다. 우울증이 심해 정상적으로 일상생활을 하기 힘든 정도의 상황이라고 했다. 소견을 들었다고 해서 당장 퇴사를 결심하진 않았다. 안정제와 수면제를 일 년 이상 먹으며 버티고 버텨봤지만 더 이상 몸과 마음을 방치할 수 없는 시점이 찾아왔다. 대책 없이 무작정 퇴사했다. 기왕 결정한 퇴사다. 퇴사를 결심할 때 가장 기대했던 건 새벽 기상과의 작별이었다. 일찍 출근하는 걸 좋아하기는 했지만 그렇다고 새벽 기상까지 좋아했던 것은 아니다. 언제나 그 순간은 고단하고 힘들었다. 이제는 알람 없이 마음껏 자고, 한동안은 푹 쉬어야겠다고 다짐했지만 현실은 달랐다. 알람을 맞추지 않아도, 그 시간이면 꿈속에서도 '일어날 시간 된 것 같은데? 일어날 때가 됐는데…' 이런 생각이 들며 잠에서 깼다. 습관이 그렇게 무서운 것이었다. 퇴사 후 건강에 신경 쓰기로 다짐했으니 기상 시간을 이십 분 늦춰 여섯 시에 일어났다. 출퇴근 시간이 없어졌으니 이십 분 정도 더 자도 괜찮다고 생각했다. 이십 분 늦게 일어나도 아침 시간은 오히려 더 여유로웠다. 회사 다닐 때의 아침 식사는 출근 후 책상에서 대충 때우는 시리얼이나 바나나, 간단한 빵이었다. 이제는 따뜻한 밥과 국으로 하루를 시작한다. 사소한 변화지만, 몸과 마음을 위한 좋은 변화이다. 퇴사를 철저하게 준비한 것이 아니라 '일단 살고 보자.'라는 마음으로 덜컥 결정한 터라 불안한 마음이 컸다. 자칫 낯선 하루를 어떻게 보내야 할지 고민하고 우왕좌왕하게 될 것만 같았다. 출근할 회사는 사라졌어도 루틴은 내 몸에 남았다. 오랫동안 몸에 배어 있던 루틴은 그대로 유지하기로 했다. 그게 차라리 마음이 편했다.

여전히 일곱 시에 '출근'한다. 이제는 회사가 아닌 나 자신을 향한 출근이다. 어쩌면 이 습관은 오랜 회사 생활이 나에게 남겨준 선물일지도 모른다. 퇴사 후 사람 만날 일이 부쩍 줄었다. 그러다 보니 트렌드에 뒤처지는 기분이 들 때가 많다. 혼자만의 섬에 고립된 것 같은 느낌을 받을 때도 있다. 회사에서는 동료들과 나누는 대화 속에서 자연스럽게 요즘 시대의 흐름을 파악할 수 있었지만, 지금은 정보를 직접 찾아야 했다. 아침 일곱 시, 변함없이 책을 읽고, 뉴스레터와 구독 서비스를 이용해서 콘텐츠를 탐색한다. 영어 공부도 계속한다. 당장 영어를 사용할 일이 있는 건 아니지만 꾸준히 하지 않으면 조금이나마 쌓아온 실력이 순식간에 사라질 것 같아서이다.

회사 다닐 때는 정해진 출퇴근 시간과 빠듯하게 짜인 일정이 있었지만, 퇴사 후에는 정해진 일정이 없다. 시간에 대한 개념이 흐릿해진다. 자칫 어영부영 시간을 낭비할 수도 있다. 어떤 날은 한 일도 없는데 어느새 하루가 훌쩍 지나가는 걸 보니 허무했다. 더욱 세상과 동떨어지고 뒤처지는 것 같아서 불안감, 초조함이 심해진 적도 있다. 회사 다니는 것 이상으로 시간

관리를 철저히 해야 한다. 공식적인 출근 시간을 아홉 시로 정했다. 오전, 오후에 해야 할 일에 대해 목록을 만든다. 본격적으로 하루 업무 시작하는 아홉 시 전 보너스 같은 두 시간. 당장 급하지는 않은 일들, 자칫 급하지 않기에 미뤄도 될 것만 같은 중요한 일들을 챙긴다. 물론 완벽주의자가 아닌 탓에 매일매일 루틴을 완벽하게 실행하는 것은 아니다. 어떤 날은 콘텐츠의 홍수에 휩쓸리기라도 한 것처럼 어딘지도 모르는 곳으로 떠내려와 허우적대는 나를 발견하기도 한다. 다이어리에 일정을 미리 적어놓지 않았다거나, 조금 느슨하게 적어놓은 날이 보통 그런 날이다. 가장 안전한 방법은 전날 밤, 자기 전에 내일의 일정을 적는 것이다. 그러면 잠도 편하게 잘 수 있다. 다음날 나는 생각할 필요 없이 어제 내가 지시한 일들을 그냥 하기만 하면 되니까.

새벽 루틴은 단순히 시간을 잘 쓰기 위한 도구가 아니라, 내 일상을 붙잡아주는 중심축 역할을 한다. 하루의 시작을 내가 주도하고 있다는 감각은 생각보다 큰 힘이 있다. 회사라는 시스템 바깥으로 나온 후, 세상과의 연결고리가 느슨해질 때도 많았지만, 매일 아침 같은 시간에 일어나 나를 위한 공부를 하고 생각을 정리하는 이 시간 덕분에 무너지는 기분을 붙잡을 수 있었다. 어쩌면 나는 여전히 '출근'이라는 행위를 통해 나 자신과 약속을 지키고 있는지도 모른다. 누군가의 지시가 아닌, 오로지 나의 의지로 시작하는 이 고요한 새벽 루틴이야말로 지금의 나를 지탱해 주는 가장 강력한 루틴이다.

10

새벽 네 시, 나에게 맞는 루틴을 입다

최민욱

새벽에 눈을 떴다. 팔목에 있는 스마트 워치를 보니 새벽 세 시 오십구 분이다. 5, 4, 3, 2, 1을 세고 침대를 나온다. 이불을 가지런히 정리하고 거실로 가는 사이 네 시 알람이 울린다. 정수기에서 물을 한 잔 마시며 하루 루틴을 시작한다.

나의 루틴은 이렇다. 네 시 기상, 삼십 분 정도 책을 읽는다, 이후 삼십 분 글을 쓴다. 목표는 십오 분 책을 읽고, 십오 분간 글쓰기지만, 책을 읽고 글을 쓰는데 아직 익숙하지 않아 시간이 오래 걸린다. 새벽에 쓴 글은 동료들과 함께하는 카톡방에 공유한다. 다섯 시부터 여섯 시까지는 공부. 최근 AI/DX 관련 자격증 공부를 시작했다. 장애 청소년 대상으로 AI/DX 강의를 계획하고 있어서다. 여섯 시부터 이십 분간은 경제 기사를 필사하며 관심 있는 기사를 읽는다. 이십 분 동안 씻고 출근할 채비를 한다. 출근 버스 안에서는 '읽어야 한다.'라는 마음으로 책을 펴 봐도, 마음을 몰라주는 셔틀버스 기사님은 쿨하게 실내등을 꺼버린다. 어쩔 수 없지. 스레드에 짧은 글을 남긴다. 다른 사람들 블로그나 스레드를 탐독하며 세상과 잠깐 교감한다. 점심 루틴은 몸이 찌뿌둥하면 운동, 머리가 복잡하면 산책, 둘 중 하나를 한다. 무엇보다 건강을 챙기는 것이 점심 루틴의 목적이다. 육 년째 이런 루틴을 이어가고 있다. 사람들이 종종 묻는다. 갓생 사는 거냐고, 미모(미라클 모닝)를 어떻게 그리 오래 유지할 수 있냐고. 그럴 때면 그냥 하는 거라고, 내 시간이 이 시간밖에 없다고 답한다. 반은 맞고, 반은 겸손이다.

새벽 루틴이 생긴 계기가 있다. 첫째 아들이 다섯 살 때, 자폐아 판정을 받았다. 아니라고 믿고 싶어 판정을 최대한 늦추고 싶었나 보다. 판정을 받고 나서야 '좀 더 일찍 알았더라면, 무슨 조처를 해볼 수 있지 않았을까?' 생각도 들었지만, 닥친 현실에서 할 수 있는 걸 해야 했다. 웹디자이너 일을 하고 있던 아내는, 아이를 위해 회사를 그만두었다. 늦은 만큼 아내는 아이에게 최선을 다하고 싶어 했다.

어느 날 아내가 조심스레 이야기를 꺼낸다. 발달센터에 내가 한번 같이 가주면 안 되냐고. 의사 선생님이 아이 아빠에게 할 말이 있다고. 알겠다고, 언제 가면 되는지 물었다. 아내의 불안한 표정을 부러 모른척한다. 같이 가겠다는 아내를 집에 있게 하고 아이와 함께 발달센터에 갔다. 의사 선생님이 말문을 열었다.

"자폐아는 자기가 가지고 있는 에너지를 다 써야 부모와 눈을 맞춥니다. 아빠가 직접 아이와 몸으로 놀아 주셔야 해요."

아이와 함께 놀기 위한 시간이 필요했다. 아침엔 아이와 함께 할 수가 없으니, 칼퇴근해야 한다. 업무를 끝내기 위해 새벽에 출근했다. 다섯 시에 퇴근, 여섯 시에 집에 도착해서 여덟 시까지 놀아 준다. 정리하고 밤 아홉 시면 같이 잔다. 일찍 자니 새벽 두세 시에 자연스레 눈이 떠진다. 아이가 생긴 후부터는 나만의 시간을 갖기 어려웠는데. 어라? 그냥 온전한 나만의 시간이 생긴다. 자연스러운 미라클 모닝(미모)의 시작이었다.

재테크 카페에서 한동안 '미모'가 유행했다. 조별로 새벽 다섯 시에 아침 인사를 남긴다. 온라인 화상회의를 켜서 인증하기도 한다. 책 읽었다는 사진도 올라온다. 나야, 수년 동안 해 오던 일상이지만 힘들어하는 동료들이 꽤 있었다. 강의가 진행되는 4주간, 새벽 루틴 잡으려고 안간힘을 쓰는 동료들의 모습이 안쓰러웠다. 그들에게 나의 미모 경험을 알려주고 본인에게 맞는 루틴을 찾아보라고 조언했다. 사람마다 집중되는 시간과 처한 상황이 모두 다를 거 아닌가. 나는 아들 둘이 있어서 저녁 시간은 집중이 안 된다. 사람과 술을 좋아해서 퇴근 무렵엔 자꾸 술 한잔이 생각난다. 새벽 시간이 집중하기 편했고, 새벽에 일어나려면 일찍 자는 게 나았다. 나에게 맞았을 뿐이다. 하지만, 새벽 시간의 잠이 보약인 사람도 있고, 저혈압으로 아침에 고생하는 사람도 있다. 어느 정도 백색소음이 있어야 집중되는 사람도 있을 거다. 모든 사람에게 미모가 맞는 것은 아니니 **자신만의 루틴을 찾으라고 했다.** 그래도 미모를 꼭 원한다면, 최소 2주는 제대로 해보라는 팁을 줬다. 운동을 시작하더라도, 첫 2주는 몸이 붓고 아프고, 식이요법도 처음엔 배고프고 힘들다. 몸이 적응하고 찾아가는 과정이 필요하다. 언젠가 점심 때 산책을 해보겠다며 같이 따라온 후배가 있었다. 5천 보 정도 걷더니 '너무 힘들어요, 전 안 되겠어요.' 한다. 그러면서 산책 루틴을 잡겠다고?

루틴을 만드니 바뀐 것들이 많다. 첫째, 아내와 두 아이가 아빠를 대하는 게 바뀌었다. 새벽에 서재에 있으면 아빠 공부하네, 하고 건드리지 않는다. 아빠는 부지런하고 꾸준한 사람이라고 생각한다. 사실 아내의 공이 지대하다. '아빠는 한 번 마음 먹으면 저렇게 꾸준히 해.'하고 이야기해서다. 항상 누구보다 나를 배려해 주는 아내, 내가 아내를 존경하는 가장 큰 이유다. 둘째, 새벽 루틴도 계속 진화한다. 할 엘로드의 『미라클 모닝』 책을 읽고 일곱 개의 루틴을 따르기도 했다. 새벽 운동도 해 봤다. 글쓰기만 해본 적도 있다. 독서 루틴까지 만들었다. 글쓰기와 독서는 여전히 어렵지만, 마침내 책 쓰는 걸 도전할 수 있게 되었다. 셋째, 저녁 시간을 아이와 함께하면서, 첫째 아이가 보물이 되었다. 자폐아가 아닌 것처럼, 누구에게도 말을 잘 건넨다. 지금도 아내가 "당신이 진짜 노력 많이 했지. 덕분에 아이가 이렇게 잘 클 수 있는 거 같아."라는 말을 가끔 해줄 때면, 그렇게 뿌듯할 수가 없다.

루틴은 아주 작은 것부터 시작할 수 있다. 아니, 작은 것부터 시작해야 한다. 나처럼 동기가 있으면 더욱 좋다. 책을 읽고 싶다면 책을 펼치는 것부터 시작이다. 운동을 해야 한다면, 운동화를 신는 그것부터 시작이다. 시작했다면 어떻게든 2주만 유지해 보자. 2주 후에도 여전히 힘들다면, 그 루틴은 나한테 안 맞을 가능성이 크다. 혹시 그 2주간 자꾸 루틴을 빠트린다면, 매일 할 수 있는 방법을 찾아보자. 나는 관계가 매우 중요한 사람이라 일부러 멱살을 잡혔다. 같이 공부하는 사람들에게 선언했다. 매일 아침 인사를 올리겠다고. 못하면 스타벅스 커피 두 잔씩 돌리겠다고. 할 수밖에 없게 하는 셀프 멱살이다. 다시 한번 말하지만, 새벽 미모가 누구에게나 좋은 게 아니다. 나한테 맞는 루틴을 찾는 게 중요하다.

중년이 되니, 번 아웃과 무기력증이 생긴 사람이 주위에 꽤 있다. 요즘엔 보어 아웃(Bore-out), 브라운 아웃(Brown-out)도 있다. 보어 아웃은 심심해서, 일이 너무 쉬워서, 지루할 때 생기는 권태와 무기력이다. 브라운 아웃은 천천히 꺼지는 전구처럼 기운이 점점 빠져나가는 상태로 내 일에 의미를 못 느낄 때 생긴다. 나도 번 아웃 때문에 고생하다가 이제 거의 빠져나온 듯하다. 수년간 지켜온 루틴이 아까워서라도 뭔가를 해야 하니까. 생각하고 행동하면, 에너지가 나오는 걸 아니까. 행동하게 하는 에너지가 있다면 번아웃은 극복할 수 있다.

지금, 만들고 싶은 습관이 있다면, 첫 루틴을 시작할 때다. 책을 펴던지, 운동화를 신던지.

작가의 루틴 팁 일단 작은 행동 하나만 하면 됩니다. 운동을 하려면, 운동화만 신으세요.

"리셋은, 내 존재를 다시 깨우고,
내 안의 기준에 따라 삶을 다시 놓는 정렬이다."

리셋의 시간, 새벽 셀프 체크리스트

내 마음을 비우고, 오늘을 새롭게 시작합니다.

□ 일어나자마자 가장 먼저 한 행동은 무엇인가요?

□ "나는 내가 좋아, 나는 나를 사랑해!" 소리 내어 말합니다.

□ 몇 시간 잤나요?

□ 물 한 잔 마셨나요?

□ 눈을 뜬 지금, 집안의 가장 큰 창문으로 세상을 한번 바라보세요.

□ 환기했나요?

□ 오늘 굳이 하지 않아도 괜찮은 일은 무엇인가요?

□ 오늘 하루는 어떤 모습일까요? 예감 일기를 써 봅니다.

□ 새벽에 만들고 싶은 루틴이 있나요?

Chapter 2

오전: 성장

나를 바꾸는 작은 시도

나에게 성장이란,

실패와 흔들림 속에서도 자기 호흡을 잃지 않는 힘이다_김수인

도전을 통한 한계의 극복이다_김한조

어제보다 오늘 더 딱 한 발짝 앞으로 나아가는 것이다_서진아

불가능한 벽 앞에서도 눈에 보이지 않는 내면의 힘을 스스로 깨닫게 한다_윤현아

인생의 기본값이다_이복선

배움과 통찰을 통해 시시때때로 일어나는 변화의 총합이다_이순덕

모르는 것을 인정하고, 알아가려는 과정을 쌓아가는 일이다_이윤경

어둠을 밝히는 마음의 근육이다_이윤지

쉽지 않은 선택을 매일 반복하며, 조금씩 나를 넘어서게 하는 힘이다_정혜진

일단 해 보자! 안되면 말고! 생각으로 해 보는 '시도'이다_최민욱

1

호흡에 집중해야 살아남는다

김수인

"어떤 운동 좋아하세요?"라는 질문은 대답하기에 곤란하다. 제대로 하는 운동이 없어서다. 농담 섞인 대답을 한다. "숨쉬기 운동과 새마을운동이요." 나는 새마을운동도 잘 모르는 세대다. 어디선가 주워들은 말을 웃어넘기기 위해 덧붙인 말일 뿐이다. 건강을 위한 운동이 필수라는 건 세 살 먹은 애도 아는 진리이지만, 그 진리를 따르려면 넘기 힘든 벽이 많다.

3개월 헬스 등록해놓고 3일 나가는 기부 천사가 바로 나다. 헬스장에 전기세 보태주러 다니냐고 핀잔도 많이 들었다. 혼자 하는 헬스는 재미없다는 핑계 아닌 핑계를 대며 그만뒀다. 빵빵한 근육을 만들어 머슬퀸이 되어보겠다고 너스레를 떨었지만, 머슬퀸은 커녕 머쓱퀸이 되어 헬스장 사물함을 비우고 돌아섰다. 배드민턴을 배우려고 예쁜 배드민턴 옷부터 한 벌 사입었다. 형광색 짧은 배드민턴 치마가 예뻐서 운동 갈 맛이 났다. 실력은 없지만 치마를 입고 배드민턴 치는 내가 예뻐 보인다고 착각하며 혼자 신이 났다. 새로 산 라켓과 하얀 셔틀콕을 넣은 커다란 배드민턴 가방을 등에

메고 운동하러 가는 내 모습이 맘에 들었다. 그러나 실력이 부족한 초보를 잡아주는 사람이 없었다. 형광색 배드민턴 치마의 빛이 바래듯 내 열정도 사라져갔다. 운동 좀 하는 사람처럼 보이게 해 주던 배드민턴 가방도 점점 크고 무겁게만 느껴졌다.

사회생활에 골프는 필수라기에 연습장을 등록했다. 골프는 배드민턴보다 장비가 훨씬 많았다. 제대로 갖추려면 집안 기둥이 뽑힐 것 같았다. 배드민턴용품 카드값도 아직 남아 있어서 양심상 골프용품은 중고로 구매했다. 거의 필드에 나갈 준비가 되었지만, 중요한 골프 실력이 준비되지 않았다. 똑딱이 연습만 계속 시키는 코치가 원망스러웠다. 멋지게 골프채를 휘두르고 싶은데, 제자리걸음만 반복되는 것 같았다. 시간이 지나 조금씩 진전이 있긴 했지만, 실력은 진도가 나가지 않았다. 재미도 없고 운동도 안 된다고 툴툴대기 시작했다. 장비는 다 필요 없다고 생각하고 걷기로 결심했다. 운동화 한 켤레를 사 신었다. 혼자 걷는 게 재미없어 걷기 동호회에 가입했다. 시간과 장소별 걷기 일정을 선택해서 참여하면 되니, 얽매이지 않고 자유롭게 운동할 수 있어서 좋았다. 낯선 사람들과 적당한 거리를 유지하는 관계도 부담 없이 좋았다. 그러나 동호회 회원들이 늘어나면서 규칙이 생기고, 회비를 걷었다. 돈 때문에 작은 분란이 일기 시작하자, 더 이상 나갈 이유가 없어졌다.

해마다 회사에서 제공하는 건강검진을 받는다. 건강검진 결과 기록지의 페이지 수가 자꾸 늘어난다. 심각한 질병은 아니지만, 당뇨 전 단계에, 몸 곳곳에 크고 작은 담석이 몇 개씩 있다. 과체중은 아니지만 체지방 비율이 높고 마른 비만이다. 결론적으로 매우 비정상이라는 판정을 받았다. 운동 해야지가 아니라 운동하지 않으면 안 되는 현실과 몸이 보내는 신호를 더 이상 외면할 수 없었다. 움직이지 않으면, 진짜 멈춰버릴 수 있다는 두려움이 올라왔다. 때로는 위기가 변화의 문을 여는 열쇠가 된다. 수영을 자주 다니는 직장 동료가 수영을 추천했다.

실내 수영장 등록 경쟁이 이렇게 치열할 줄은 몰랐다. 새벽에 접수가 열리자마자, 겨우 10분 만에 마감됐다. 초급반은 이미 자리가 꽉 찼고, 유일하게 비어 있던 '연수반'이라는 이름이 눈에 들어왔다. 나는 '연수반'이 수영을 배우는 반, 그러니까 '연습반'쯤으로 여겨져 아무 생각 없이 등록했다. 그런데 알고 보니 연수반은 실력자들만 들어가는 고급반이었다. 숨 쉬는 것조차 버거운 내가 그런 반에 등록해 버린 것이다. 결국 등록은 연수반에 했지만, 수업은 초급반에 슬쩍 끼어들어 듣고 있었다. 그러던 어느 날, 수영장에 이중 주차해 둔 내 차를 빼달라는 방송이 나왔다. 나는 한참 물속에서 '어푸어푸'거리며 허우적대던 터라 방송을 전혀 듣지 못했다. 직원이 연수반에서 나를 찾아도 보이지 않자, 혹시나 하고 초급반을 살펴보다가 마침내 나를 찾아냈다. 그날 이후로 나는 자연스럽게 초급반 수강생이 되었다. 결국 나의 무식함이 수영장 등록 경쟁에서 살아남게 해 준 무기였다.

초급반에서 발차기와 자유형 팔과 호흡 연습을 하는데, 정말 죽을 맛이었다. 물속에서 호흡을 뱉고 고개를 젖히며 호흡을 빨아들여야 한다. 마음은 급하고 호흡 순서가 뒤죽박죽이다. 물을 뱉어야 할 때 빨아들이고 빨아들여야 할 때 뱉어내는 거꾸로 수영을 한다. 수영장 물 절반은 내가 다 들이마신 듯 물배가 부르다. 실내 수영장 깊이는 내 키보다 낮아서 빠져 죽을 염려는 없다. 알지만 내 몸은 두려움을 한가득 안고 뻣뻣한 상태다. "호흡에 집중해야 살아남는다."라는 생각으로 숨 쉬고 내쉬기를 반복했다. 발은 차야 하고 팔은 휘둘러야 하고, 숨도 중간중간 쉬어야 하는데 몸과 마음이 따로 논다. 25m 수영장 레인이 2.5Km 고속도로 같다.

어느 날, 자연스럽게 호흡이 터졌다. 처음엔 10분도 못 버티던 내가 한 달 후엔 30분을 채웠다. 두 달 후엔 자유형과 배영을 번갈아 할 수 있었다. 빠르지는 않지만, 느려도 분명히 나아갔다. 수영이 재미있어지고 물속이 자유로워졌다. 물살의 부드러움과 근육에 무리가 가지 않는 유연함이 내 몸에 맞는 옷처럼 편했다. 평형을 배우면서 발차기가 잘 안되니 잠시 수영 권태기가 찾아왔다. 수영을 포기해야 하나 고민했다. 하지만, 포기하지 않고 매일매일 수영장으로 퇴근했다. **하루하루가 쌓이며 몸이 바뀌고, 마음도 바뀌었다. 꾸준함이 실력이 되고, 그 실력이 자존감이 된다는 걸 수영을 통해 배웠다.**

매번 의지는 있었는데, 운동을 습관으로 만들지 못했었다. "나는 운동과 안 맞는 사람인가?"라는 체념이 나를 감쌌다. 운동을 못하는 것이 아니라, 꾸준하지 못해서 운동을 못한 것이다. 꾸준히 하지 않아 뜻대로 운동이 잘 되지 않으니, 재미를 못 느꼈다. 재미가 없으니 꾸준히 할 힘도 생기지 않았다. 악순환만 반복하다 포기해 버렸다. 운동 체질이 아니라고 핑계만 대고 꾸준히 운동하지 않아도 될 온갖 이유를 찾고 있었다.

반복된 실패도 성장의 예고편이 될 수 있다. 수영을 시작하고부터 나는 달라졌다. 더 잘 자고, 덜 예민해지고, 계획한 일을 조금 더 성실히 지켰다. 물속에서의 꾸준함은 내 삶 전체에 퍼졌다. 다른 일이 힘들어 제대로 완수하지 못한 날도 "수영은 했잖아."라는 생각 하나로 스스로 위로하고 다시 일어설 힘을 얻는다. 운동이 아니라, 살아가는 방식이 바뀐 것이다. 호흡에 집중해야 살아남는다는 생각으로 어푸어푸하던 내가 물살을 가로지르며 수영의 즐거움을 알아가는 중이다. 그 자체로 내가 대견하다. 과거 실패했던 운동들이 결국 내 몸에 새겨져 있을 거라고 믿는다. 꾸준함이 부족했던 과거의 나도, 지금의 나도 조금씩 성장하고 있다는 건 변하지 않는 사실이다. **자신만의 호흡에 맞춰갈 때 꾸준함이 이어진다. 꾸준함은 삶 전체를 업그레이드한다.**

**작가의
루틴 팁**   재미없어도 꾸준히, 꾸준함이 쌓이면 실력이 되고, 그 실력이 결국 삶을 바꿉니다.

2

지금, 도전하며 성장할 시간

김한조

뭐든 배우거나 시작하는 건 즐겁다. 새로운 것에 대한 거부감보다 설렘과 재미를 느낀다. 일이나 취미를 선택할 때도 새로운 도전을 즐긴다. 운동, 악기를 배운다거나, 경험해 보지 못한 강의를 듣는다. 공부를 시작하는 것도 좋다. 내비게이션 안내와 다르게 새로운 경로로 다니기도 하고, 그렇게 찾아낸 길들을 알아가는 것도 즐긴다. 새로 시작할 때는 복잡하게 생각하지 않고, 먼저 실행하고 판단하는 편이다. 일단 시작이 중요하니까. 체계적인 계획과 목표, 실행 방안까지 꼼꼼히 세워가며 진행하는 일도 있지만, 그러한 일조차 오래 고민하지 않는다. 고민할 시간에 먼저 해보는 게 더 빠르다는 걸 경험을 통해 배웠다. 실행 후 '이 길이 아닌가?'라고 생각하는 것들도 많다. 나와 맞지 않아 손해를 봐도 그 또한 경험치로 생각한다. 미련 두지 않는다. 그런 경험들조차 아무 쓸모가 없었던 적은 거의 없었다. 당시에는 쓸데없이 버린 시간이라 생각한 적도 있었지만, 그 경험이 필요하거나 다시 써먹은 기억들이 항상 있다. 만약 아직 쓰이지 않았다면 미래에 분명히 쓰일 곳이 있다고 믿는다.

도전 정신에 비해서 꾸준함은 부족하다. 빠르게 시작하고 빠르게 포기한다. 성과를 내기 위해 시간과 노력이 필요하지만, 그 기간을 버티지 못하는 경우도 많다. 자신에게 너무 관대한 것인지 모르겠으나 그렇다고 자책하지는 않는다. 당장 포기했더라도 언제든 다시 시작할 수 있으면 된다.

책을 읽는 습관을 들이고 싶어 한 달에 열 권을 읽겠다는 목표를 잡았다. 일곱 권에서 여덟 권으로 넘어갈 때 책이 잘 안 읽혔다. 열 권을 채우지 못하고 한 달이 지났다. 목표를 달성하지 못했다는 좌절감과 함께 습관도 들이지 못했다. 다시 목표를 잡았다. '하루에 열 장씩만 읽자.' 하니 어디서든 10분~15분이면 할 수 있었다. 거창한 첫 목표는 포기했지만, 새로운 작은 목표로 한 달에 한두 권씩은 꾸준히 읽는다.

헬스장에서도 그랬다. 체중감량을 목표로 3개월을 등록했다. 첫날의 마음과는 다르게 하루 이틀 빠지다 보니 발걸음이 뜸해지고 등록만 해놓은 3개월이 지나갔다. 다시 3개월을 등록했다. 이번 목표는 가서 아무것도 안 해도 좋으니, 샤워만이라도 하고 오는 것이다. 무조건 출근 도장을 찍는다. 10kg의 체중감량을 해냈다. 지속하지 못하는 이유는 보통 목표가 크고 거창하기 때문이다. 결국, 마음만 먼저 앞서 제풀에 지치게 된다. 꾸준하기 위해서는 너무 큰 목표보다는 작은 목표로 가볍게 시작하는 것이 좋다.

취미생활로 악기 연주에 관심이 많다. 피아노, 드럼, 베이스기타, 색소폰 등을 연주해 보았다. 최근에는 일렉트릭 기타를 시작했다. 중학생 딸이 통

기타를 배우고 연습하는 것을 지켜보다가 관심이 생겼다. 주변에서 누군가 함께하면 같이 하게 되는 동기가 생긴다. 기타를 처음 잡으니 손가락 끝부터 아팠다. 기타 줄을 누르는 것만 해도 짜증이 날 정도로 괴로웠다. 그래도 2주 정도 지나니 굳은살이 생겨났다. 여기저기 손가락을 옮기는 것도 자유로워졌고 아파서 주지 못했던 힘도 줄 수 있게 되었다. 어떤 음계를 치는지도 모르겠지만 그래도 반복한다. 한 마디가 완성된다. 그 마디들이 모여 결국 한 곡을 완성하게 된다. 악기를 포함해서 무엇인가를 배우고 익히는 데에는 거짓이 없다. 들인 시간과 노력만큼의 결과가 나온다. 악기나 장비 탓을 하기도 하지만, 실력 키우는 데엔 다른 방법은 없다. 꾸준히 시간과 노력을 들이는 것, 그것뿐이다. 조금씩 실력이 느는 순간마다 느끼는 뿌듯함과 성취감은 참 특별하다. 그 기쁨을 느끼고 싶어 계속 새로운 도전에 나선다.

악기 연주는 정서적으로도 큰 도움이 된다. 실력이 빠르게 늘지는 않더라도 매일 조금씩의 성장을 느낄 수 있다. 시간과 노력을 들이는 만큼의 성장이 보상으로 느껴져 연습을 이어서 하게 된다. 어느 순간 막히거나 진도가 안 나갈 때도 있다. 그래도 무한 반복을 하다 보면 나오지 않았던 소리가 나오기 시작한다. 지쳐서 손을 놓아버리면 그다음 날 자연스레 되는 신기한 경험도 많이 한다. 연습을 하더라도 몸에 입력되는 시간이 필요하고, 휴식기가 필요한 것 같다.

취미를 지속하기 위해서는 자신의 성향과 맞는지 파악하는 것도 중요하다. 20대 초중반까지는 축구, 농구, 당구 등 승부를 내는 스포츠 들을 즐겨했었다. 군대 시절 축구, 농구 같은 승패가 있는 경기에서 지고 나면 분이 안 풀려서 잠도 못 잤었다. 친구들과 서로 이겨 보겠다고 죽기 살기로 팔씨름을 하다가 어깨를 다치기도 했다. 그 이후에는 정신 건강에 너무 안 좋다는 생각에 누군가와 경쟁하는 종목들은 하지 않는다. 가벼운 산책이나 등산, 달리기, 헬스, 요가 등을 한다. 남들과 경쟁하지 않는 운동 위주로 하게 되니 승부로 인해 화가 나서 잠 못 잘 일은 없었다. 이제는 오히려 몸을 다칠까 봐 하고 싶지 않다. 무엇인가를 계속하기 위해서는 재미와 함께 긍정적인 영향이 있어야 오래 할 수 있다.

연습의 결과는 의식하지 않아도 행동으로 나타난다. 이러한 행동들이 모여 나라는 한 사람을 만들어낸다. **과거의 시간과 노력이 오늘의 나를 만들고, 오늘의 행동이 새로운 미래를 만든다.** 오늘 하루 어제보다 성장하는 시간을 보냈다면, 내일 또한 그만큼 발전하리라 믿는다. 성장이 더딘 것 같거나, 지금 이 순간에 허전함이 느껴진다면 새로운 도전을 해 보자. 작은 부분에서라도 변화와 발전을 경험하다 보면 다른 매력과 삶의 의미를 찾을 수 있다. 생각하지 못했던 재능을 발견할 수도 있다. 한계를 깨고 나아가는 성취감도 느낄 수 있다. **새로운 것의 시작은 매 순간이 나의 한계를 넘어서는 시간이다. 어제보다 한층 성장한 오늘의 나를 마주하고 싶다면, 지금이 도전할 시간이다.**

3

책을 읽으며, 나를 다시 믿게 되었습니다

서진아

    사 년 전 예상치 못한 사고를 겪었다. 그날 이후 내 생활은 달라졌다. 혼자 있는 시간이 많아졌다. 무엇을 해야 할지 몰라 당황스러웠다. 미래에 대한 불안감이 나를 짓눌렀다. 그때 문득 떠오른 것이 '독서'였다. 처음은 시간 보내기용으로 책을 읽었다. 책 페이지를 한 장 한 장 넘길수록 안정감이 들었다. 책을 읽는 동안 현실의 고통은 잠시 희미해졌고, 책은 내게 위로와 새로운 시각을 선물해 주었다.

    어린 시절에도 내 곁엔 책이 있었다. 학교에서 돌아오자마자 만화책과 소설을 손에 쥐고 책에 빠져 있었다. 이불 속에서 손전등 아래 밤늦게까지 책을 읽던 추억들이 떠올랐다. 책은 오래전부터 내 삶의 중심에 있었지만, 바쁜 일상에 그 소중함을 잠시 잊고 있었다. 사고 이후로 나는 책으로 하루를 시작했다. 미라클 모닝으로 하루를 열고, 차 한 잔과 함께 책을 읽는 시간은 하루 중 가장 소중했다. 처음에는 시간 나는 대로 읽었다. 지금은 아침마다 한 시간씩 책을 읽는다. 오전에 책을 읽으면 하루를 알차게 시작할 힘을 얻는다.

책 읽기 습관이 자리 잡히면서 나만의 규칙이 만들어졌다. 아무리 바쁜 날이라도, 아무리 피곤하더라도 십 분이라도 반드시 책을 읽기로 했다. 단순하지만 강력한 원칙이다. 바쁘고 힘든 날이라도 시간을 쪼개어 하루에 십 분이라도 독서하면 하루를 헛되이 보내지 않았다는 안정감을 느낄 수 있었다. 처음에는 작은 습관에 불과했지만, 시간이 지날수록 삶에 변화를 만들어냈다. 작은 물방울이 모여 바위를 뚫듯이, 꾸준한 독서는 사고방식과 삶의 태도를 변화시켰다. 생각이 깊어지고 표현력이 향상되었다. 문제를 다양한 각도에서 바라볼 수 있는 유연성이 생겼다. 책에서 얻은 인사이트를 실제 삶에 적용하는 것이 즐거웠다. 자존감이 높아지고 자신감도 생겼다. 이전에는 자존감이 낮았다. 자신감도 없었다. 결정을 미루거나 타인의 의견에 쉽게 휘둘렸다. 이제는 나만의 확고한 가치관이 형성되었다.

독서는 새로운 관점과 기회도 제공했다. 책 속에서 만난 경험과 생각은 세상을 바라보는 방식을 확장했다. 인간관계에서 오는 갈등을 현명하게 다룰 수 있는 통찰력을 얻었다. 상대방의 입장을 더 깊이 이해하고 공감하는 능력이 향상되었다. 개인적인 관계뿐만 아니라 직장에서도 도움이 되었다. 책은 나에게 꿈을 선물했다. 자기 계발서를 꾸준히 읽으면서 내 꿈을 구체화했다. 누군가에게 긍정적인 영향을 줄 수 있는 작가가 되고 싶다는 꿈이 생겼다. 꿈을 향해 글쓰기 연습을 시작했고, 블로그에 독서 후기와 내 생각들을 꾸준히 기록하고 있다. 책을 꾸준히 읽는 습관은 나를 성장시키고 변화시키는 힘을 가진다. 하루에 단 몇 분이라도 책을 읽는 습관이 쌓이면 기회들이 찾아온다. 내가 독서를 통해 얻은 가장 큰 교훈은 "꾸준히 하면 결국 기회는 찾아온다."였다.

하루 십 분의 독서와 몇 줄의 기록이 쌓이면서 '기회'로 이어졌다. 책을 읽고, 내용을 글로 남기는 일을 꾸준히 하다 보니 글쓰기에 익숙해졌고, 생각을 명확하게 표현하는 힘도 자라났다. 처음에는 내 글을 누가 볼까 싶은 마음에 조심스럽게 블로그에 서평을 올리기 시작했지만, 예상외로 내 글을 읽고 공감해 주는 사람들이 생겨났다. "글을 읽고 위로됐다.", "책을 읽고 싶어졌다."라는 댓글 하나하나가 내게는 큰 격려가 되었다. 그렇게 조금씩 자신감이 생기기 시작했다.

그러던 어느 날, 평소 알고 지내던 작가님께 공저 제안을 받았다. 처음에는 망설였다. '내가 정말 작가가 될 수 있을까?'라는 의문이 들었다. 글을 쓰는 건 좋아했지만, 책 한 권에 내 이름이 실리는 일은 상상조차 하지 못했던 일이었다. 그러나 그 제안을 받아들였다. 매일 책을 읽고 글을 써 온 시간이 나를 설득했다. 단지 독자로 머무는 것이 아니라, 이제는 내가 누군가에게 위로가 되는 글을 쓸 차례라고 느꼈다. 그렇게 첫 번째 공저 프로젝트가 시작되었다.

초고를 준비하며 많은 고민을 했다. '내 경험이 누군가에게 도움이 될 수 있을까?', '아픔과 성장을 어떻게 풀어낼 수 있을까?' 여러 번 쓰고 고치기를 반복했다. 때로는 문장을 다듬느라 몇 시간을 보낼 때도 있었고, 어떤 날은 아무것도 쓰지 못한 채 멍하니 앉아만 있던 날도 있었다. 그럼에도 불구하고 내가 살아온 시간과 배운 것들을 하나하나 글로 정리하는 과정은 자신을 더욱 이해하고 받아들이는 시간이 되었다. 나를 돌아보고 정리하는 과정에서, 나는 이미 '작가로 성장하고 있는 중'이었다.

곧 출간될 책의 원고가 완성되었고, 내 이름이 '공저자'로 실렸다. 작은 시작이지만, 그 이름 석 자가 주는 울림은 결코 작지 않았다. 책을 꾸준히 읽고 글로 기록하며 이어온 시간이 모여 나를 새로운 가능성의 문 앞에 세운 것이다. 과거의 나는 글을 쓰는 사람은 '특별한 사람'이라고만 생각했다. 하지만 지금의 나는 안다. 특별한 재능보다 더 중요한 건 꾸준함이라는 것을. 하루 십 분의 독서와 몇 줄의 기록이 결국은 나를 이 자리까지 이끌어 준 것이다.

앞으로도 나는 독서를 통해 새로운 가능성을 찾으며 성장할 것이다. 아직 읽지 못한 수많은 책이 내 앞에 펼쳐져 있다. 그 책들 속에는 나의 세계를 더욱 풍요롭게 만들어 줄 세계가 담겨 있다. 꾸준한 독서가 조금씩 나를 긍정적으로 변화시킨다는 것은 가장 소중한 발견이다. **매일 책 한 권, 한 페이지, 때로는 한 문장이라도 읽는 작은 습관이 쌓여 결국 나의 사고방식,**

가치관, 그리고 삶의 방향을 완전히 바꿔놓았다. 이 변화는 하루아침에 일어나지 않았다. 매일의 작은 습관이 모였다. 서서히, 확실하게 변했다.

책은 단순한 지식의 창고가 아니다. 우리의 마음을 열고, 시야를 넓히며, 공감 능력을 키우는 강력한 도구이다. 꾸준한 독서를 통해 더 넓은 세상을 보게 되었다. 더 깊이 이해하게 되었다. 더 따뜻하게 공감할 수 있게 되었다. 삶의 모든 영역에 긍정적인 영향을 미쳤다. 나를 행복하고 충만한 사람으로 만들어 주었다. **책을 통한 매일의 변화가 모여 결국 우리의 인생을 완전히 새롭게 그려낸다.** 나는 오늘도 책 한 권을 집어 든다.

> **작가의
> 루틴 팁** 어려운 책을 읽을 필요는 없어요. 되레 어려운 책이 꾸준한 독서를 막을 수도 있습니다. 쉬운 책, 가벼운 책, 소설 같이 부담 없는 책으로 먼저 시작해보세요.

나도 몰랐던 나의 가능성

윤현아

'이토록 몰입한 적이 있었던가!'

임용고시를 준비하던 어느 오전, 문득 그런 생각이 들었다. 고등학교 시절에도 이토록 열심히 공부한 적은 없었다. 이렇게 많은 양을 어떻게 공부해 냈는지, 나 스스로도 놀라웠다. 중고등학교 시절부터 외우는 공부는 늘어려웠다. 내 성향과 맞지 않았다. 대학에 가서도 그 생각은 달라지지 않았다. 누군가를 가르치는 일이 적성에 맞아, 어린 시절부터 막연히 교사를 꿈꾸었다. 하지만 막상 대학생이 되어보니 정식 학교 교사가 되려면 임용고시를 통과해야 했다. 임용고시를 준비하는 공부가 무엇인지 알아보았다. 범위에 있는 방대한 양의 지식을 거의 통째로 외우고 머릿속에 담고 있어야합격할 수 있어 보였다. 시험은 내게 불가능에 가까워 보였다. 게다가 대학졸업 무렵, 가정 형편이 어려워 몇 년간 온전히 공부에 집중하기도 힘든 상황이었다. 그 상황을 마주한 순간, 막막함과 서글픔이 동시에 몰려왔다. 그러나 현실을 받아들여야만 했다. 그랬던 내가 나이 마흔이 다 되어서 뒤늦게 임용고시 공부를 시작했다. 그때 나는 이미 결혼하고 아이까지 출산한 엄마였다. 아이를 출산한 경험이 있는 사람이라면 모두 공감하는 말이 있다. 원래 가지고 있던 기억력조차도 아이를 낳고 나니 없어졌다고들 한다. 뇌가 자녀 출산과 육아에 집중하기 위한 일종의 임시 시스템이라고 한다. 그 상태로 고시 공부를 시작했다. 누구보다 간절하게 임용고시를 통과하고 싶었다. 기존 내 능력의 한계를 뛰어넘어볼 수 있는 절호의 기회였다.

오전은 새벽 다음으로 가장 집중이 잘 되는 시간대다. 새벽 기상으로 하루를 시작하면, 오전 시간도 졸리고 피곤하기보다 활기차게 보낼 수 있다. 약간의 워밍업 시간이 필요했지만, 페이스만 잡히면 제법 서너 시간의 긴 시간 동안 해야 하고, 하고 싶고, 할 수 있는 일을 집중해서 해낸다. 성공에 대한 확신보다는, 단 한 번이라도 도전해 보고 싶다는 간절함이 더 컸다. 어린 자녀를 키우며 그동안 해왔던 심리상담과 미술치료를 안정적으로 이어갈 수 있는 최적의 환경은 학교였다. 대학 졸업 후 십 년 넘게 안정적인 직업을 찾지 못했던 내게, 학교는 '꿈의 일자리'였다. 일하고 싶은 곳이 분명해지자, 망설임 없이 무작정 뛰어들었다. 실패하더라도 한 번은 꼭 도전해 보고 싶었다. 고시 공부를 시작하고 보니 고등학교 시절에도 흘리지 않던 코피까지 쏟을 만큼 힘들었지만, 그럼에도 행복했다. 육체는 지쳐도, 마음은 오히려 살아 움직였다.

간절함은 내 하루를 움직이는 힘이 되었다. 새로운 도전을 해볼 기회가 감사했고, 놓치고 싶지 않았다. 공부를 계속할수록 그 열망은 더욱 짙어졌다. 시험은 매년 연말에 있었고, 연초부터 거의 일 년 가까이 긴 호흡으로 준비해야 했다. 하지만 진심으로 원하는 공부를 한다는 그 사실만으로도, 매 순간이 소중하고 아깝게 느껴졌다. 고등학교 때 공부와는 분명 차이가 있었다. 그때 공부는 떠밀리듯이 공부했다. 왜 그렇게 공부해야 하는지 잘 몰랐고, 그저 부모와 어른들이 하라는 공부를 맹목적으로 했다. 임용 공부는 내 자발적 동기와 의지로 하는 공부였다. 그 필요성을 절절히 느끼며 공부하니, 오히려 공부가 흥미롭고 즐거웠다.

심리학 주요 과목을 기준으로 하여 심리학 개론, 발달심리학, 이상심리학, 상담이론과 실제, 심리검사 등 열 과목 이상 되는 과목의 각론서를 정리 요약하여 모두 철저하게 외우는 것이 만만할 리는 없었다. 객관식 없이 전부 서술형으로 치러지는, 국내 심리 분야에서 가장 높은 난이도 시험이었다. 객관식 보기가 없는 시험이었기에 어림짐작으로 우연히 맞출 수도 없었다. 제대로 외우기 한판 승부였다. 나는 오전 시간대에 각 과목의 교재들을 가볍게 읽고 이해하는 시간을 먼저 가졌다. 이해되지 않는 부분은 각론서를 찾아 최대한 익히려 했지만, 끝까지 막히는 내용도 적지 않았다. 어떤 심리학 스승님이 말씀하셨던 말이 떠올랐다. 모든 걸 완벽하게 이해하려고 하지 말라고 했다. 어느 정도 머릿속에 복잡한 내용을 외우려고 애쓰다 보면 어느 순간 이해가 되기도 한다고 했다. 처음엔 그 말이 이해되지 않았다. 하지만 공부를 거듭할수록, 그 말은 내게 진리로 다가왔다. 그래서

난 잘 되든 안 되든, 'Just do it.'이라는 마음가짐으로 암기에 임했다. 우리가 흔히 쓰는 암기 방법은 자동화될 때까지 계속 쓰거나 말하거나, 마음속으로 내용을 반복하는 것이다. **그 반복은 지겹고 고되지만, 그 시간을 견뎌 내야 비로소 빛이 보인다.**

물론 그 과정에서 좌절도 많았다. 아무리 반복해도 자꾸 잊어버렸다. 어느 날 아이디어가 반짝 떠올랐다. 임용고시 공부를 본격적으로 시작하기 전 '기억법 훈련'을 개인 지도받은 경험이 있었다. 스승은 국제 기억력 대회 마스터 자격을 획득한 젊은 청년 선생님이었다. 아는 사람들은 안다. 세계적으로 매년 수많은 나라에서 기억력 대회가 열리고 있다는 것을. 그리고 의외로 반복 외에도 기억력을 높이는 효과적이고 효율적인 방법 몇 가지가 전문가들 사이에서는 이미 널리 알려져 있다는 것도 말이다.

이 과정에서 배운 것은 두 가지 키워드로 요약할 수 있다. '시각화'와 '장소법(mind palace)'—기억할 정보를 이미지와 공간에 연결하는 기법—이 그것이다. 문자 자체로 외우려면 많은 시간과 노력이 필요하다. 하지만 이미지로 떠올리면 보다 빨리 뇌에 저장되고 인출하기 쉬웠다. 머릿속에 입체적인 장소를 설정한 뒤, 암기할 단어들을 창의적인 이미지로 변환해 연결한다. 많은 내용을 짧은 시간에 외울 수 있다. 이 방법을 주로 오전 시간에 활용했다. 하루 중 가장 집중이 잘 되고, 창의적인 상상력을 발휘하기에도 좋은 시간이었기 때문이다. 흥미롭고 재미있는 이미지들을 인터넷 검색해 찾아보거나 집에 있는 이미지 자료를 가지고 외울 내용과 연결하여 암기한다. 그 이미지들을, 눈을 감고 떠올려보는 연습을 했다. 다른 사람이 봤다면 '이 사람이 뭐 하는 거지?' 싶었을지도 모르겠다. 나는 실실 웃고 있었다. 상상력을 동원하여 만들었던 이미지들이 하나씩 하나씩 예상보다 금방 떠올랐다. 가급적 그 작업을 오전에 배치했다. 머리가 맑고 상상력이 잘 발휘되는 시간대였기 때문이다. 상상력과 끈기로 쌓아 올린 공부법은 결국 전문상담교사라는 간절한 꿈을 현실로 바꾸어 주었다.

> **작가의 루틴 팁** 완벽하려 하지 말고, 무언가를 본격적으로 시작하는 것 자체를 칭찬합니다. "시작했다."라는 사실이 곧 성취입니다.

5

끈을 묶는 순간, 나도 조금 나아간다

이복선

최근 2~3년 동안 건강 문제로 스스로 몸을 강하게 보호했다. 심한 운동은 피했고 운동으로 땀을 흘리지 않았다. 신체운동을 더 많이 해도 부족한데 반대로 시간을 보냈다. 앉아 있는 시간이 많았다. 건강검진 결과 근육량 감소로 나왔다. 운동을 지속적으로 해야 한다는 소견이 나온다. 그럼에도 운동을 뒤로 미루고 있었다. 대수롭지 않게 생각하며 지내온 어느 날, 문득 이 생활 습관이 나를 망치고 있다는 생각이 들었다.

신체운동은 몸이 아니라 뇌 운동이라고 한다. 뇌 운동이 활발해져야 몸이 건강해진다. 매주 월요일마다 항암을 받고 작은 부작용이 내 몸에서 일어나고 있다. 하지만 이대로 부작용 걱정만 하며 생활할 수는 없다. 먼저 동네 공원을 오전에 걸어보기로 했다. 2주 동안 열심히 해본다. 종아리가 땅기고 아프다. 걷다 보니 하루 만 보를 걷게 된다. 스스로 상쾌해진다는 생각이 든다. 의지가 약한 사람 중 한 사람이라 지금은 멈춘 상태다.

암 환자에게 요가나 명상이 좋다는 말을 들었다. 그래서 걷기운동에서 요가로 바꿔보기로 한다. 집에서 가까운 지하철에 오래된 요가원이 보였다. 전화 상담을 해보았다. 함께 수업하는 사람이 암 환자라 괜찮냐고 물어봤다. 삼중음성 유방암 카페 한 회원분이 올린 글 때문이다. 그분은 새벽마다 동네 공원에 가서 황토 길을 맨발로 걸었다고 한다. 꾸준히 걸으며 항상 마주치는 분들과 인사도 나누는 사이가 되었다. 그런데 어느 날 인사를 잘 받아주던 사람이 "젊은 사람이 매일 운동을 열심히 하네."라고 하면서 모자 쓴 그 회원을 자세히 살펴보았다고 한다. 갑자기 인상을 쓰며 "암 환자 아니야? 아니 암 환자가 여기 오면 어떡해."라며 당황하게 했다. 그 회원은 이후 다시 가지 못했다. 이야기를 읽고 마음 아프면서도 나도 다른 사람을 불편하게 할까 봐 살짝 걱정되었다.

다행히 요가원장은 아픈 사람이 운동하는 것은 당연하다, 이해해줘야 하는 거라고 그 사람이 이해 안 된다고 말한다. 요가원에 그런 회원은 없을 거라며 아픈 사람도 많다고 말해 준다. 한결 마음이 편해졌다. 아픈 것도 힘든데 건강한 사람들 위주로 배려해야 한다고 생각하니 사람들이 어쩌다 이 정도까지 왔나 싶다. 사실 요가를 전부터 배워보고 싶었다. 바로 등록하고 일주일에 두 번 수요일과 금요일 수업을 받기로 했다. 시작도 안 했는데 건강해진 느낌이다.

첫 수업을 받는 날, 강사님의 편안한 말투를 따라 한 동작 한 동작 해보니 뭉쳐진 근육들이 조금은 풀리는 듯하다. 다른 회원들은 강사 하는 대로 똑같이 잘 따라 한다. 나는 생각처럼 잘되지 않는다. 흉내만 내는 정도다. 중간 정도 따라 하니 머리에 땀이 난다. 동작은 별로 크지 않았는데 신기하다. 자신을 사랑하는 하루가 되길 바란다는 강사의 마무리 인사로 운동이 끝난다. 그 말을 들으니 따로 떨어져 있던 나 자신과 만나는 느낌이다. 누구보다 더, 나 자신을 사랑해야겠다.

화요일과 목요일 오전은 헬스클럽에 가기로 했다. 그동안 헬스를 등록만 하고 한 번도 계약 기간을 다 채워본 적이 없다. 3개월, 6개월, 1년 비용만 내고 가진 않았다. 더 이상 빠지지 않고 꾸준히 다닐 수 있는 장치가 필요해 이번에는 언니 찬스를 이용해 본다. 언니는 몇 달 전부터 친구들과 근력 운동 수업을 받는데 다들 만족도가 높다고 했다. 조금만 해도 땀이 흠뻑 난다고 한다.

운동 첫날 언니 친구들을 처음 보았다. 오십 대에서 칠십 대까지 있다. 이십 대에 만나서 그 집에 숟가락이 몇 개 있는지도 아는 사이다. 매주 화요일, 목요일이 얼마나 기다려지는지 모르겠다고 말한다. 각자 삶도 다르고, 나이도 다르고 사는 곳도 모두 다르다. 직장 다니면서 만나 지금까지 오게 되었다고 한다. 다들 밝게 웃고 열심히 운동한다. 허리 1인치 줄여야 봄옷을 입는다고 하니 강사님은 열심히 하면 금방 줄어든다고 한다. 칠십 세 언니는 벌써 3인치가 줄었으니 이제 살살 운동해도 된다는 농담도 한다. 작은 말 한마디도 까르륵 웃고 금방 운동에 집중한다. 다들 밝게 웃고 열심히 운동한다.

평소에는 만나기 쉽지 않다. 운동하니 주기적으로 만나고 그동안 못한 이야기도 한다며 이게 제대로 된 힐링이라고 한목소리로 말한다. 2차 모임이 있다. 운동했으니 반드시 맛있는 음식을 먹어줘야 한다. 한 언니가 김밥을 만들어 왔다. 근처 언니 집으로 모두 갔다. 여럿이 먹으니 맛있는 음식이 더 맛있다. 간단한 요기 후 달달한 커피와 과일은 필수 코스다. 서로 안부를 묻기도 하고 여고생들처럼 누가 한마디만 하면 까르륵 웃고 넘어간다. 이들은 이렇게 스트레스를 풀고 있구나! 살아온 세월만큼 기쁨도 아픔도 있었을 터인데.

이렇게 하루의 오전 시간은 체력 관리를 위한 시간으로 채워나간다. 건강에 소홀했던 자신을 반성하는 만큼 운동에 진심을 다 하자고 생각한다. 그동안 신경 쓰지 못했던 내 몸, 더 이상 혹사하지 말아야겠다. 지금까지 잘 살아준 내 몸에 감사하다. 몸을 더욱 단단하게 만드는 시간을 가져야겠다. 여기까지 오기가 왜 어려웠을까? 크게 돈을 번 것도 아니다. 명예를 얻은 것도 아니다. 꾸역꾸역 힘들게 살아오면서도 여유는 없었다. 그동안 몸 관리보다 다른 걸 중요하게 생각했나? 삶이 어떤 방향으로 흘러가는지 몰랐다. 인생의 방향을 점검하고 잘 살펴보았다면 지금 모습은 아니었을 것이다. 편향된 뇌가 불균형을 만들어 여기까지 왔다. 운동은 머릿속으로 생각만 했었고 실행하지 못할 이유를 대기 바빴다. 내 몸에 아무 도움 안 되는 것에 신경 쓰면서 내 몸 아픈 걸 눈치 채지 못했다.

매주 월요일은 항암 주사를 맞으러 병원에 간다. 이날만큼은 컨디션이 반드시 좋아야만 한다. 화, 목은 근력운동을 하고 수, 금은 요가를 한다. 토요일은 학교에 가서 수업을 받는다. 선항암하는 6개월 동안 반드시 운동하기로 마음먹었다. 나는 할 수 있고 해야만 한다. 언니들처럼 어떤 말을 해도 까르륵 웃을 수 있는 사람으로 변신해 보고자 한다.

그동안은 인생의 고민은 다 짊어지고 웃는 날이 없었다. 스스로 불행하게 만들었다. 인생의 무게는 변하지 않지만 내 마음에서 내려놓았다. 그래서 **오늘도 나를 위해 운동을 하고 항상 웃는 모습으로 살아보자며 입꼬리를 올려본다.**

> **작가의 루틴 팁** 오늘 내가 움직인 시간, 몸이 느낀 변화, 내가 웃었던 순간을 생각해 봅니다.

6

거꾸로 배워가며 살아간다는 것

이순덕

나의 배움과 삶은 강물처럼, 시간처럼 흘러가는 것이었다. 초 · 중 · 고를 거쳐 큰 어려움 없이 얻게 된 직장에서 나름 만족하며 살았다. 나이가 들면서 결혼도 하고 아이도 낳았다. 육아와 일을 병행하면서 정신이 없었지만 평범한 삶을 살았다. 조금씩 흔들림은 있었지만 하나의 수직선에 걸쳐진 선형적인 삶이었다. 그런 나에게 찾아온 1997년 외환위기라는 거부할 수 없는 물결은 내 삶의 방향을 거꾸로 흐르게 했다.

11년 동안 다니던 직장생활을 마감하고 나는 거꾸로 학생이 되었다. 자진 사직의 형식을 갖췄지만 '사내 결혼자'라는 이유로 직장을 그만두어야 했다. 원망은 없었다. 혼자서는 쉽게 결정할 수 없었던 '사직'을 할 수 있는 필연적인 이유가 되었으니까. 내게 날개를 달아 자유를 준 것이다. 이제 흘러가는 대로가 아니라 내가 선택하는 삶을 살아볼 차례였다. 망설임 없이 대학에 들어갔다. 고등학생 때 푹 빠져있던 프로그래밍을 전문적으로 배우기 위해서였다. 시골 대학에서 흔치 않은 서른한 살의 늦깎이 대학생. 다른 아이들과 너무나 달라 눈에 띄었지만 그다지 중요하지 않았다. 새로운 학문을 배워가는 하루하루는 뇌 속에 시냅스가 생기고 기존 지식과의 연결망을 만들어갔다. 내게 큰 의미가 없던 전기와 전자, 컴퓨터라는 물질에 감정을 갖게 되었다. 그렇게 차가운 과학에 프로그램으로 피가 돌고 살이 돋게 하여 감정을 입히는 작업이 즐거웠다. 내가 만드는 세상에 코드가 흐르고 나는 창조자가 된 것 같은 전능감을 느꼈다. 하지만 졸업과 함께 찾아온 취업과 육아는 나를 다시 한 인간으로 전락하게 만들었다. 나는 다시 한번 거꾸로 흐르기로 했다. 이번에는 포기할 수도, 포기를 허락하지도 않는 육아를 제대로 하기 위해서였다. 유아교육을 전공했고, 아이를 위해 배운 공부는 나를 교사의 삶으로 이끌었다.

교사가 된 나는 거꾸로 아이들에게 배운다. 생존기를 넘어가고 있던 6년 차의 어느 날. 아침부터 친구가 꼬집어 생긴 상처를 치료하면서 마음이 안타까웠다. 다섯 살부터 계속 한 반에서 자라 일곱 살이 된 아이들인데 유난히 친구들과 다툼이 많았다. 아이들에게 '마음 그릇' 이야기를 해주었다.

"이 그릇은 바로 마음을 담는대. 실수나 잘못을 용서하고 이해하는 마음, 친구가 잘했을 때 칭찬하며 함께 즐거워하는 마음, 그리고 나와 가족, 다른 사람을 사랑하는 마음을 담는 거지. 그런 마음을 많이 담아낼수록 마음 그릇이 커지는 거래." 이어서 "내 마음 그릇의 크기는 얼마만 할까?" 하고 묻자 저마다 몸으로, 말로 표현한다. 아이들의 진지한 눈빛에서 내 이야기가 울림이 있음을 느낄 수 있었다. 진지함도 살짝 빼고 궁금하기도 해서 슬쩍 물어봤다. "선생님 그릇은 얼마만 할 거 같아?" 지구만큼, 우주만큼 크다는 아이들의 대답에 이어 태율이가 "나무만큼요." 한다. 마음에 들었다. "맞아요. 나무는 공기도 만들어서 사람들한테 솔솔 전해주는데, 선생님도 우리한테 좋은 이야기를 솔솔 전해주니까요." 아이의 말에 나는 이미 지구만큼 큰 사람이 된 것 같았다. "아주 훌륭한 표현이구나. 고마워. 그리고 무엇보다 선생님은 나무처럼 지금도 계속 커지고 있단다. 아마 선생님이 생을 다할 때까지 커지겠지? 아! 너희들이 선생님 나이쯤 되면 선생님은 너무 오래 살아서 이 세상에 없을지도 몰라. 그렇지만 너희들이 선생님에게 배운 것을 잊지 않고 기억해 준다면 선생님은 너희들 가슴속에 영원히 살 수 있단다. 어때? 기억해 주고 마음 그릇도 키워갈 수 있겠니?" 하고 묻자, 스무 개의 입이 목청껏 "네~!" 하고 대답한다. "아!" 아이들과 나눈 짧은 대화는 교사로서 커다란 이정표가 되었다. 땅 위로 큰 나무만큼 아이들이 잘할 때도 사랑하지만 땅 아래로 뻗은 뿌리만큼 아이들의 잘못할 때 더 큰 사랑으로 품을 수 있는 사람! 커다란 그늘을 만들어 쉬어갈 수 있는 그런 나무 같은 선생님이 되기로 다짐했다.

한번은 이런 일도 있었다. 아이들에게 장애 이해 교육을 하고, 장애 쿠키인 '그대로 괜찮은 쿠키'를 나누어 주었다. 그런데 배달되는 과정에서 쿠키가 잘려 있는 게 아닌가! 아이들은 망가진 걸 싫어한다. 아이들 수만큼 사놓은 쿠키라서 여분도 없어 걱정이 되었다. 다 나눠주고 송희가 마지막으로 내 앞에 섰다. "송희야! 미안해서 어떡하지? 쿠키가 잘렸어." 하며 내밀자, 송희의 미간이 살짝 접힌다. 내 이마도 송희를 따라 미간에 주름이 잡힐 때 송희가 갑자기 활짝 웃는다. "괜찮아요! 안 잘라도 동생이랑 나눠 먹을 수 있으니까 더 좋아요." 주름 잡힌 내 이마가 어색하게 풀렸다. "야~! 송희야! 참 대단한 생각을 해냈구나!" 옆에서 보고 있던 다른 아이는 자기도 잘린 걸로 달라고 했고, 또 다른 아이는 자기는 식구가 넷이라서 네 개로 잘랐다며 보여주었다. 가르친 것보다 더 잘 배우는 아이들 덕에 나 또한 배웠다. 긍정적이고 유연한 사고가 삶을 얼마나 윤택하게 하는지를. 아이들을 가르치기 위해 시작한 이야기나 활동은 커다란 깨달음이 되어 나에게 돌아왔다.

나는 일상에서 더 많은 것을 배우고 성장한다. 작년 봄에 있었던 일이다. 시골에 간 김에 간 해독에 좋다는 미나리를 뜯고 싶어 들을 헤매고 다녔다. 있을 만한 곳을 다 찾아보았지만 좀처럼 찾을 수가 없었다. 포기하고 돌아오던 길에 '분명히 있을 텐데…….' 하는 마음으로, 다시 멈춘 곳에서부터 찾기 시작했다. 또 한참을 찾아다닌 후에야 논 한가운데 정강이까지 자란 풀들 사이에서 붉은빛의 돌미나리를 찾았다. 미나리의 향과 붉은 보랏빛은 보기만 해도 약효가 느껴졌다. 양도 엄청 많아서 그해 우리 가족은 평생 먹은 것보다 더 많은 양의 미나리를 전, 나물, 볶음에 넣어 먹었다. 그 덕분인지 환절기마다 집안을 쩌렁쩌렁 울리던 남편의 재채기가 사라졌다. 바구니가 넘치게 미나리를 뜯어 돌아오면서 기특한 마음에 뒤를 돌아보았다. 아직도 많이 남아 있을 미나리들은 자취도 없이 그냥 똑같은 키로 자라 있는 논의 풀들이 보인다. '저 풀들 사이에서 어떻게 미나리를 찾았지?' 문득 궁금해졌다. 한 걸음 한 걸음 걸어가며 생각하다가 '아~! 내가 미나리가 있다는 것을, 분명히 있다는 것을 믿었기 때문이구나!' 하고 깨달았다. 그래서 나는 사람들에게, 아이들에게 선한 마음의 씨앗이 있음을 믿는다. 그리고 늘 찾아낸다.

올해 봄에는 냉이를 찾아 된장국을 끓였다. 바구니에 수북이 캔 냉이를 손질하는 일은 캐는 시간의 세 곱절이나 더 걸린다. 그 사이 남편은 분명히 잘 두었다는 지렛대를 찾아 창고를 세 바퀴째 돌았다. 나는 남편에게 냉이 손질을 맡기고 내가 찾아보겠다고 제안했다. 남편에게 마지막으로 보았던 곳을 체크하고 창고에 들어가 10초 만에 위풍당당하게 지렛대를 찾아 들고 돌아왔다. 남편은 어디서 찾았는지 소상히 물었다. 찾았다는 기쁨보다 여러 번 같은 곳을 찾았는데 '왜 못 봤을까?' 하는 궁금증이 더 커 보였다. 어느 한 가지에 매몰되면 눈앞에 있는 것도 잘 알아차리지 못하는 '부주의 맹시' 현상을 경험하면서 대상과 만나는 시선이 얼마나 왜곡될 수 있는지, 시각을 바꾸는 것이 얼마나 중요한지 알게 되었다. 일상은 내게 현장에서 이론을 발견하게 하는 의미 있는 통찰을 준다. 단, 상황과 느낌을 그냥 지나치지 않을 때만 얻을 수 있는 행운이다.

거꾸로 가는 것은 어색하지만 새로운 재미와 발견을 선물한다. 거꾸로 배우는 삶이 더 의미 있는 이유는 바로 '필요'에 있다. 삶에서의 내적 · 외적 필요는 배움의 강력한 동기가 된다. 그리고 나아가 삶을 변화시킨다. 실질적인 배움이 되어 곧바로 적용하여 변화와 성장을 이루기 때문이다. 아이들과 함께 길을 갈 때면 나는 대부분 뒷걸음질을 하며 거꾸로 간다. 아이들이 잘 따라오는지 살펴야 하기 때문이다. 아이들은 그런 내가 재밌기도 하고 걱정도 되는 모양이다. 하지만 나는 아직은 어딘가에 부딪힌 적은 없다. 내 뒤통수에 눈이 있어서 그런 건 아니다. 비밀은 아이들이 다 알려주기 때문이다. **거꾸로 살아가려면 나와 세상에 대한 믿음이 필요하다. 난 오늘도 두려움 없이 거꾸로 살아간다.**

**작가의
루틴 팁** 잠깐이라도 뒤로 걸어보세요. 새로운 감각이 깨어납니다.

1

내 노트 속 작은 내일을 그리며

이윤경

나는 미래 기술과 트렌드를 예측하고, 그로 인해 우리의 삶이 어떻게 변화될지 고민하는 미래 기획자다. 단순히 변화의 흐름을 읽는 것을 넘어, 그 안에 살아갈 우리의 삶을 시나리오로 그린다. 처음 이 일을 맡았을 때 기술만 잘 알면 된다고 생각했다. 그래서 낯설고 어려운 기술들과 용어들을 빠르게 학습했고, 최신 트렌드를 익히며 멋진 시나리오를 만들어내는 일에 집중했다. 하지만 시나리오를 그려갈수록 무언가 본질적인 것이 빠져있다는 생각이 점점 커졌다.

한참 고민하고 나서야 알았다. 미래를 설계하는 것은 단순히 '기술'을 나열하는 것이 아니라, '삶'을 설계하는 일이라는 것을. 변화의 방향을 결정짓는 것은 언제나 기술이 아니라 사람이었다. 그런데 나는 그동안 도구에 불과한 기술에만 몰두해 있었다. 기술이 어디를 향하고 있는지 파악하는 데 집중했지만, 사람과 연결된 사회, 철학, 세계 질서라는 맥락을 보지 못했다. 당시의 나에게 정말로 필요했던 것은, 세상의 모든 변화와 흐름을 통합

적으로 이해하는 눈이었다. 이것을 깨닫고 난 후 나는 정보를 받아들이는 방식, 사고하는 방법, 일상을 구성하는 루틴을 바꾸기 시작했다. 가장 먼저 실천한 것은 종이신문 읽기와 기록, 이 두 가지였다.

그동안은 최신 기술 리포트나 데이터 분석 보고서에만 의존했었다. 숫자는 분석할 수 있었지만, 시대의 흐름을 읽을 수는 없었다. 그래서 제일 먼저 종이신문을 구독했다. 인터넷으로도 얼마든지 기사를 볼 수 있었지만, 전체를 파악하기는 어려웠다. 종이신문이라면 전체를 천천히 훑어보며 숨어 있는 핵심을 발견할 수 있을 것 같았다. 더 천천히, 깊이 있게 들여다보기로 했다. 처음에는 쉽지 않았다. 기사를 펼칠 때마다 '내가 이렇게 아는 게 없었다고?', '경제학과를 나왔는데 이렇게 모른다고?' 하는 자책이 밀려왔다. 기사 지문 하나를 읽는데 시간이 오래 걸렸다. 신문 한 부를 끝내는 데 한 시간이 넘게 걸렸다. 낯선 단어들이 쏟아졌고, 신문을 읽었지만 다 읽었다고는 할 수 없었다. 늘 물음표가 가득했다. 글을 계속 읽는다고 이해가 되는 것도 아니었다. 복잡한 용어나 경제·사회적 배경 지식이 부족하니 기사 속 맥락을 온전히 따라가기가 어려웠다.

그래도 매일 신문을 읽었다. 그러다 보니 반복적으로 등장하는 단어들이 눈에 띄기 시작했다. 1주, 2주, 한 달이 지나자, 경제 기사부터 시작해 최근 주목받는 산업, 미래를 준비하는 기업과 국가들의 움직임이 어렴풋이 보이기 시작했다. 처음에는 기사 한 줄로만 보였던 내용이 점차 흐름을 이루고 서로 연결되기 시작했다. 업무에 도움이 될 만한 주제가 보이면 관련된 리포트나 책을 찾아 읽었고, 기사에 나온 통계의 출처가 궁금하면 홈페이지에 들어가 원본 자료도 찾아보았다. 그렇게 하나씩 알아가며 내 시야가 점점 확장되고 있다는 것을 실감하게 되었다. 모르는 단어나 복잡한 개념이 나오면 나는 챗GPT를 적극 활용했다. "챗GPT, 이 단어 모르겠는데 초등학생에게 설명하듯 쉽게 알려줘."라고 물으면 매번 놀랄 만큼 알기 쉽게 설명해 줬다. 복잡한 내용을 내 눈높이에 맞춰 풀어주는 그 과정이 신문을 읽는 데 큰 힘이 되었다.

신문을 읽은 후에는 반드시 기록을 남겼다. 새로 알게 된 사실들, 기억하고 싶은 기사들, 문득 떠오른 생각과 작은 깨달음들을 그냥 흘려보내기엔 너무 아까웠다. 작지만 의미 있는 통계나 인사이트가 있다면 눈길을 멈추고, 작은 손바닥만 한 노트에 꼭 적었다. 하루하루 작은 기록들이 쌓이면 일주일에 일곱 개, 한 달에 서른한 개의 새로운 것들이 쌓인다. 대단한 것은 아니지만 이렇게 작은 조각들이 쌓이니 세상을 보는 각도가 조금씩 달라졌고, 무엇보다 흐름을 기억하게 되었다. 회의나 대화 중에도 종종 유용하게 활용했다. 메타의 마크 저커버그도 아이디어와 메모를 정리하는 습관이 있다고 한다. 거대한 플랫폼을 이끄는 그도, 중요한 것을 놓치지 않기 위해 매일 기록했을 것이다. 내 작은 기록들도 언젠가는 나만의 미래를 만나는 씨앗이 될지도 모른다.

신문을 다 읽고 나면 매일 스스로에게 질문을 던진다. '5년 뒤, 10년 뒤, 15년 뒤, 20년 뒤 사람들의 삶은 어떻게 바뀌어 있을까?', '사람들은 무엇을 필요로 하고, 어떤 경험을 원할까?', '새로운 기술이 등장했을 때 그 기술이 일상이 되기까지 우리는 무엇을 준비해야 할까?'. 질문을 던지다 보면 때때로 의심과 막막함이 동시에 밀려온다. 정답이 없는 질문 속에서 가설을 세운다는 건, 내 생각의 한계를 깨뜨리는 작업이다. 가능성 앞에서 가슴이 뛰고, 두려움 앞에서 멈칫하기도 한다. 하지만 나 자신도 살아가야 할 세상이기에 내가 그리는 모든 미래는 '나'에서 시작해 이 세상을 함께 살아갈 '모든 사람'을 향해 있다.

어느 날, 1980년대에 만들어진 영화 〈백투 더 퓨처〉의 한 장면이 떠올랐다. 과거와 현재, 미래를 넘나드는 영화 속에는 1955년부터 2015년의 모습이 담겨 있다. 영화 내용 중 주인공 마티가 부모님이 결혼하기 전의 과거로 가는 장면이 나온다. 그곳에서 그의 사소한 행동 하나로 부모의 만남이 어긋나면서 미래에 자신이 사라질 뻔한 상황을 경험한다. 그러면서 그는 미래는 그냥 만들어지는 게 아니라, 과거의 선택과 행동으로 이루어진다는 것을 깨닫는다. 마티는 과거에서 할 수 있는 모든 힘을 다해 미래를 지키고자 발버둥 친다. 나도 이와 같다. **언젠가 도착할 미래에, 오늘의 나를 과거로 마주할 것이다.**

오늘도 나는 묻고, 읽고, 메모하며, 노트 속에 질문과 깨달음을 채워간다. 새롭게 알게 된 사실 하나, 내가 던진 질문 하나가 어쩌면 누군가의 미래를 바꿀 수도 있으니까. **내가 그리고 싶은 미래를 향해가는 가장 가까운 길은, 지금 이 순간을 잘 살아내는 일이니까.** 이것이 미래 기획자인 내가 살아가는, 오늘 하루의 오전이다.

> **작가의 루틴 팁** 과거의 내가 지금의 나를 만들었듯, 오늘 하루를 살아내는 작은 루틴들이 나의 미래를 그리고 있습니다.

오전 열 시, 독서가 바꾼 내 인생

이윤지

적막이 감도는 새벽, 두 아이를 돌보다 보면 나는 어둠 속에서 헤매는 기분이다. 아침이 되어 아이들을 어린이집에 보내고 나면 몸도 마음도 녹초가 된다. 밤새 제대로 못 잤으니 낮에 푹 잘 수 있으리라 기대하지만, 매번 그런 것은 아니다. 아무리 커튼을 쳐도 몸은 지금이 밤이 아닌 것을 아는지 내가 잠이 들도록 쉽게 놓아주지 않는다. 밤에도 낮에도 자는 둥 마는 둥 눈을 끔뻑거릴 뿐이다.

우울의 늪에서 허우적거리며 손을 뻗었을 때 손에 쉽게 잡히는 건 책이었다. 아이들을 간호하며 시간적, 그리고 체력적으로 혼자 시간을 보내는 것이 편했기 때문이다. 관심사가 생기면 해당 단어를 검색해서 마음에 드는 책을 저장했다. 짬이 날 때마다 핸드폰으로 인터넷 서점에 들어가 신간을 구경하고 장바구니에 담았다. 장난감 정리와 설거지는 잠시 미뤄둔 채 오전 내내 책을 읽었다. 핸드폰도 뒤집어 놓고 오롯이 책 속에 푹 빠졌다. 서서히 마음에 밝은 빛이 피어오르며 가슴 한편이 뜨거워졌다. **내게 필요**

한 건 대단한 것이 아니라 책 한 권이 주는 위로였다.

사랑하는 이를 간호하는 다른 사람들은 어떻게 살아가는지 궁금했다. 그들도 처음엔 나처럼 절망했겠지, 넘어졌겠지, 힘들었겠지. 그런데 어떻게 일어났지? 지금은 어떻게 버텨내고 있지? 그 답을 책에서 찾을 수 있었다. 책을 읽으면 인물과 사건을 내 경험과 나란히 놓고 비교하게 된다. 내게 닥친 일이 마치 책에 나온 일처럼 새로운 각도에서 비추어 보게 된다. 그런 과정에서 내가 겪고 있는 일들을 조금 더 잘 이해하게 되었다.

나와 비슷한 처지의 저자가 쓴 간병기와 투병기를 읽었다. 가족들의 절실한 간호가 일으키는 기적을 볼 수 있었다. 그들에게 닥친 시련에 함께 울었고, 아픔을 극복해 나가는 모습을 보며 용기를 얻었다. 비슷한 처지에 있는 사람들이 있다는 것만으로도 위안이 됐다. 혼자가 아니라는 기분이 들었다. 사랑이 아니고서야 설명할 수 없는 것들이 많았다. 의료인이 쓴 책을 읽을 때는 생명을 구하기 위한 고군분투기를 지켜보았다. 지금까지 보이지 않던 것들이 보이기 시작했다. 한 명의 환자를 위해 여러 손길이 애쓰고 있음을 알게 됐다. 우리 아이들의 주치의와 희귀 질환 센터 직원분들에게 다시 한번 감사함을 느꼈다. 사람들의 시선과 사회의 관심이 얼마나 중요한지 깨달았다. 책 속에서 만난 인물과 새로 알게 된 세상 속에서 헤엄치는 그 순간은 마냥 포근했다.

일렁이는 감정이 찾아들면서 다른 책도 읽을 수 있게 되었다. 소설과 고전, 철학책을 읽었다. 소설 속 인물들이 문제 상황에 대처하는 모습을 삶에 적용했다. 아이들의 질병과 관련하여 나, 남편, 시댁, 친정, 학부모, 지인들과 갈등 상황에 부닥쳤을 때 유연하게 풀어나가는 방법을 터득했다. 고전에서 찾은 진리는 삶의 지향점이 되었다. 철학자들은 방황하는 인생길 위에서 자꾸 나 자신을 만나게 했다. 책을 읽으면서 평소 생각하지 못했던 주제로 다양한 생각을 이어갔다. 당연한 것에 질문을 던지고 스스로 답변을 생각해 내며 자신과 대화하는 시간을 가졌다. 나는 누구인가? 나는 무엇을 할 때 행복한가? 나는 어떤 것에 가치를 두는가? 나는 무엇을 잘하는가? 우리 아이들에게 어떤 것을 내어줄 수 있는가? 등을 고민했다. 아이들의 질병에 매이기보다는 어떻게 하면 조금 더 행복할 수 있을지 깊이 생각했다. 먼 미래의 불투명한 계획을 세우기보다는 당장 오늘과 내일의 행복을 위한 일정을 계획했다. 지금까지의 여정을 되돌아보며 앞으로 선택의 기로를 마주했을 때 어떤 선택을 할지 미리 준비했다.

장르를 불문하고 책은 우울하고 답답한 일상에 젖어 살던 내게 새로운 세상을 보여주었다. 뒤엉킨 마음을 풀어주는 명쾌한 해답들을 찾을 수 있었다. 그제야 비로소 내게 닥친 상황도 건강하게 대할 만한 일로 보이기 시작했다. 우리는 세상을 제대로 살아가기 위해서 누군가의 도움을 받아야 한다. 그 존재는 가족일 수도, 지인일 수도 있다. 내겐 책이었다. 책이 아니었다면 세상이 살만하다는 것을 몰랐을 거다. 이렇게 아름다운 세상에서 그 당시 내가 갇혀 있던 세상은 너무 슬펐다. 당장 내 앞에 주어진 것들이 불행해 보였다. 책은 지금까지와 다른 세상을 보여주었다. 다르게 생각하는 사람들도 소개해주었다. 그러면서 사고방식이 서서히 바뀌었다.

오전은 텅 빈 집에서 유일하게 홀로 조용하게 사색에 잠길 수 있는 시간이다. 그런 시간이 켜켜이 쌓이니 변화가 눈에 보이기 시작했다. 사고방식이 유연하고 긍정적으로 바뀌면서 우리 가정에 닥친 상황을 있는 그대로 인정하게 되었다. '희귀. 드물 희, 귀할 귀.' 우리 아이들이 마주한 상황은 드물지만 귀한 일이다. 막다른 길이 아니라 달라진 길이다. 이 아이들만이 감당할 수 있는 일이 있을 것이다. 이것은 부모도 마찬가지다. 그 일을 적극적으로 찾기로 결심했다. 이왕 이렇게 된 거 새벽 내내 간호하고 무탈하게 새로운 아침을 맞이하는 일을 귀하게 여기며 하루하루에 최선을 다하며 살아야겠다고 다짐했다. 두 아이를 간호하는데 필요한 긍정적인 에너지가 생겼고, 이는 곧 가정 전체의 행복으로 이어졌다. **책 속의 문장들은 우리 가정에 닥친 시련을 절망에서 희망으로 이끌어주었다.**

하지만 책을 한 권 읽었다고 해서 마음의 멍이 쉽게 빠지는 것은 아니다. 독서는 운동과 비슷하다. 의사들은 건강을 위해 일주일에 세 번 이상, 한 번 할 때 삼십 분 이상 유산소운동을 하라고 한다. 일생에 딱 한 번만 하라고 하는 예는 없다. 지속하는 것이 중요하다고 말한다. 바디 프로필을 준비하느라 멋진 근육을 만든 후에, 촬영이 끝났다고 운동을 멈추고 먹고 싶은 음식을 마음껏 먹는다면 사진 속 몸매는 금방 사라질 것이다. 독서도 마찬가지다. 한 권을 한 번만 읽어서 삶이 크게 바뀔 거라고 기대하면 안 된다. 독서는 마음의 근육을 길러준다. 마음 근육도 근육이기 때문에 운동처럼 꾸준히 하는 것이 도움이 된다. 꾸준히 하지 않으면 아무리 어른이라도 쉽게 무너지기 마련이다. 눈앞에 펼쳐진 일상에 한숨이 나올 때, 책장을 넘기는 것이 최고의 처방이다.

또한 독서는 식사와도 비슷하다. 사람이 태어나서 한 끼만 먹고 살 수는 없듯이 독서도 매일 끼니처럼 조금씩 자주 꾸준히 챙겨 읽어야 한다. 몸의 건강과 마음의 건강 사이의 균형은 무엇보다 중요하다. 며칠씩 밥을 굶으면 배가 고프듯이, 독서도 오래 굶으면 그 소중함을 깨닫게 된다. 위태로운 날들이 계속되고 있을 때 책장에서 뿜어 나오는 빛으로 자주 마음을 밝혀줘야 한다. 구체적인 줄거리까지는 굳이 기억하지 않아도 된다. 모든 등장인물을 세세하게 파악할 필요도 없다. 나와 비슷한 인물이나 상황에 푹 빠졌다가 나오는 정도만으로도 충분하다. 반복하다 보면 크게 변화된 자신을 발견할 수 있다.

아이들을 간호하는 깜깜한 방 안이 처음에는 출구가 보이지 않는 어두운 터널처럼 느껴졌다. 우울은 영혼을 잠식한다. 우울함에 억눌려 지내는 것이 나뿐만 아니라 가족들에게도 영향을 미친다는 것을 알게 됐다. 꾸준한 독서를 통해 상황을 대하는 태도가 바뀌니 이제는 깜깜한 방이 넓고 광활

한 우주로 보이기 시작한다. 우리 가족은 반짝이는 별들이다. 어둠 속에서 밝게 빛나는, 마음이 힘든 순간에 서로를 일으키는 별들 말이다. 그래서 마음을 점검하려고 늘 곁에 책을 둔다. 독서를 놓지 않는다는 것은 의미 있는 삶을 영원히 이어가고 싶다는 뜻이다. 책 읽는 행위가 상처에서 회복으로 나아간다는 것을 믿는다. 내게 닥친 상황을 바꿀 수는 없지만, 따스한 기운이 스며드는 것을 매일 느낀다.

> **작가의 루틴 팁** 잠시 오 분만 투자해서 책 한 페이지를 읽어보는 건 어떨까요?

9

나 홀로 업무, 방향을 찾아가는 시간

정혜진

회사에서의 오전 시간은 늘 긴장과 압박 속에서 흘러갔다. 월요일부터 금요일까지 빼곡하게 잡혀 있는 각종 정기 회의, 그 외에도 수시로 들어오는 반갑지 않은 미팅 콜들…. 업무용 캘린더가 알록달록 빈틈을 찾아보기 힘들게 다채로운 색깔로 가득 채워져 있었다. 퇴사 몇 달 후 다니던 회사의 기업회생 신청 절차에 들어갔다는 뉴스를 접했다. 터질 게 터지고야 말았다. 복잡한 문제가 실타래처럼 얽히고설켜 있었기에 각종 문제에 대한 해결책을 찾기 위한 회의가 참 많고도 많았다. 수많은 회의 일정 속에서 정작 해야 하는 중요한 일들이 미뤄지는 경우가 다반사였다. 해야 할 일에 집중할 여유는커녕 최소한의 시간도 확보하기 힘들었다. 회의가 많다는 건 준비해야 할 자료도 많다는 뜻이다. 오전의 정기 회의에 참석하기 위해 전날까지 관련 자료를 준비해야 했고, 야근은 일상이 되었다. 늦게 집에 돌아와 쉬어도 쉬는 것 같지 않았다. 언젠가부터는 누군가가 내 이름을 부르며 다가오는 것조차 스트레스였고 짜증이 날 지경이었다. '나를 찾는 이 아무도 없는 곳에서, 조용히 혼자 일할 수 있다면 얼마나 좋을까.' 이런 생각을 수도 없이 했었다.

그 꿈이 이루어진 걸까? 퇴사 후 나는 나만의 고요한 공간에서 시간을 보낸다. 하지만 그 고요함이 때때로 아니 솔직히 자주 막막하기만 했다. 퇴사 후의 막막함과 불안감은 예상보다도 훨씬 컸다. 오전 일곱 시에 내 책상으로 출근했지만 더 이상 책상에 쌓여 나를 기다리는 일들은 없었다. 텅 빈 책상에 앉아 무엇을 해야 할지를 찾아내는 게 내 일이 되었다. 아이디어를 찾기 위해 유튜브를 보며 하루를 보내기도 했다. 온라인에는 성공을 장담하는 콘텐츠가 넘쳐났다. '이것만 하면 돈 번다.'라는 식의 영상들이 알고리즘을 타고 끝없이 추천되었다. 볼 때는 혹하는 내용도 있었지만 볼수록 머릿속이 더 어지러워졌다. 직접 시도해 본 일도 있었다. 제품을 위탁해서 인플루언서나 폐쇄몰 등에 유통하는 중개업이었다. 하루 종일 제품을 검색하고, 연락하고, 협업할 판매자를 찾느라 밤 열 시가 넘을 때까지 일하기도 했다. 하루 종일 앉아서 모니터를 보며 씨름한 덕분에 안 좋던 허리는 더욱 상태가 나빠졌다. 눈도 침침해졌다. 손목과 손가락 관절에까지 통증이 생겼다. 한 달 반쯤 지나고 나서야 깨달았다. 이건 아니다. 처음부터 반신반의하며 시작했던 일이었는데, 하면 할수록 의문이 커졌다. 사업의 구조 자체가 나 스스로에게 설득력이 없으면 그 일은 내 일이 될 수 없다는 사실을 뼈저리게 느꼈다. 결국 다시 원점에서 고민하기 시작했다.

그러던 중, 머리를 식힐 겸 남자 친구가 제안한 일본 여행을 준비하면서 문득 이런 생각을 해보았다. 여행 갈 때 필요한 것, 있으면 좋은데 굳이 사자니 애매하고 빌릴 수 있다면 빌리고 싶은 물건은 없을까? '고프로 액션캠' 같은 제품 말이다. 그런 제품들을 목록화했다. 그리고 그중 아이템 하나가 괜찮다는 생각이 들었다. '이런 제품을 대여하는 온라인 스토어를 운영해 보면 어떨까?' 시장 조사를 해보니 이미 관련 업체들이 있었지만, 아직은 시작해 볼만하다고 판단했다. 그렇게 온라인에서 여행용품 대여점을 오픈했다. 스토어를 열고, 상세 페이지를 만들고, 두근거리는 마음으로 첫 주문을 기다렸다. 생각보다 빨리, 이틀 만에 첫 주문이 들어왔다. 회사 밖에서 내 힘으로 만든 첫 수익이었기에 얼마 안 되는 돈이었지만 날아갈 듯 기뻤다.

이제 나의 오전은 예전과 다르다. 아홉 시가 되면 배송할 물건들을 포장해서 발송하기 위해 집 근처 공유 오피스로 향한다. 한동안 공유 오피스 1인실을 계약해 사용해 봤다. 작은 공간에 갇혀 있는 것 같이 답답했다. 결국 지금은 집에서 일한다. 너무 집에만 있으면 생각이 막히는 느낌이 들 때가 있어서, 바람도 쐴 겸 공유 오피스를 오가며 택배 서비스만 이용하는 용도로 활용하고 있다. 반납된 물건들을 가져와 다시 정리할 때면 이런저런 생각이 든다. '내가 잘하고 있는 걸까?', '이 일이 나에게 맞는 걸까?' 손에 쥔 물건들은 하나하나 정리되어 가지만, 내 마음은 여전히 어수선하다. 어떤 날은 이 일이 시시하게 느껴지기도 한다. 같은 작업을 반복하면서 '내가 이러려고 퇴사한 걸까?' 하는 생각이 들 때도 있다. 무엇보다도 회사에서 받던 월급의 절반 정도밖에 벌지 못하고 있기 때문이다. 하지만 다시 생각해 보면, 회사에 다닐 때의 월급은 매일 야근하며 하루 열 시간 넘게 일하고 받던 돈이었다. 지금은 하루 두세 시간 일하고 그 절반을 벌고 있다. 숫자로만 보면 적어 보이지만, 시간 대비 효율은 큰 셈이다. 물론 여전히 일에 대한 가치는 고민하고 있다. 단순 반복적인 업무라고도 할 수 있고, 무엇보다도 내가 중요하게 생각하는 '일을 통한 성장'과 직접적으로 연결되는 부분을 찾지 못했기 때문이다. 나는 언제나 일을 하면서 배우고 성장하는 것을 중요하게 생각해 왔다. 그런 측면에서는 지금의 사업이 나에게 충분한 성취감을 주고 있는지, 더 나아가 앞으로 어떤 방향으로 확장될 수 있을지를 고민하지 않을 수 없다. 그렇다고 해서 이 일이 의미가 없는 것은 아니다. 회사 밖으로 나와 처음으로 스스로 기획하고, 시스템을 만들어 운영하고, 예상치 못한 문제들을 해결해 가면서 점점 더 나은 방식으로 다듬어 가는 과정 자체를 통해서 많은 것들을 배울 수 있었기 때문이다.

퇴사 후 그토록 원하던 나만의 시간이 주어졌지만 정작 그 시간을 어떻게 써야 할지 몰랐다. 출근이 사라진 오전, 일찍 일어나야 할 이유도 없고, 당장 무언가를 보고해야 하는 상사도 없었다. 한 치 앞도 보이지 않는 안갯속에 서 있는 것 같았다. 어디로 가야 할지, 어떤 길이 옳은지 알 수 없었다. 발 앞에 무엇이 있을지 모르기에 두려움에 멈춰 서 있던 시간들. 그럼에도 불구하고 무엇이든 해봐야 했다. **불안한 마음으로 한 걸음을 내디디면, 다음 발을 디딜 자리가 희미하게나마 보였다.** 때로는 길을 잘못 들기도 했지만, 돌아가는 길에 더 많은 걸 배우기도 했다. 이제는 오전의 고요함 속에서 내가 조금씩 성장하고 있다는 걸 느낀다. 예전처럼 요란하게 돌아가는 회의실도, 쉴 틈 없이 울리는 메신저 창도 없지만, 대신 나의 속도로 천천히 단단해지는 나를 마주한다. 가끔은 외롭고 불안하다. 하지만 그런 감정조차도 나의 일부로 받아들이며, 조금 더 성숙한 사람이 되어가는 중이다. 예전 같으면 실수 하나에 스스로를 몰아붙였을 테지만, 이제는 그런 순간에도 "괜찮아, 처음이잖아." 하고 다독일 줄 알게 됐다. 어느새 나는, 회사라는 시스템의 톱니바퀴로 굴러가던 사람이 아니라, 나만의 엔진으로 움직이는 사람이 되어가고 있다. 오전의 햇살이 내 창을 가만히 비출 때마다 문득 이런 생각이 든다. 이 조용하고 서툰 시간이 결국은 나를 더 괜찮은 사람으로 만들어 주고 있는 건 아닐까. **중요한 건 계속 움직이는 것. 시행착오를 거듭하면서도 앞으로 나아간다면, 조금씩 더 나은 내가 되어 있을 것이다.**

작가의 루틴 팁 오늘 해야 할 일의 우선순위를 정해서 가급적 오전에 처리해보세요. 중요한 일을 먼저 끝내면 하루의 흐름을 내가 주도할 수 있게 됩니다.

10

글쓰기 낙제생, 작가를 꿈꾸다

최민욱

"최 대리, 방금 주신 메일, 무슨 말을 하려고 하는지 모르겠어요. 말하고자 하는 바가 뭡니까?"

해외 영업 부서로 옮긴 지 얼마 되지 않아 생긴 일이다. 출시될 제품의 예상 판매 수량과 판매가를 달라는 나의 요청 메일에 옆자리 차장이 인상을 잔뜩 쓰며 부른 것이다.

입사 후 처음 배치 받은 R&D 부서에서는 메일 쓰는 걸로 타박 받아 본 적이 없었지만, 옮겨온 영업 부서에서는 허구한 날 이렇다. 교육 부서로 옮긴 후에도, 메일 때문에 몇 번이나 피드백을 받았다. 리더십 교육 담당자가 메일을 이런 식으로 보내면 안 된다며 팀장의 꾸지람도 들었다. 자존심이 상했다. 임원한테 메일 보낼 때는 팀장에게 첨삭지도를 받던지, 메일 초안을 팀장에게 보내서, 팀장이 검토 후 보내는 경우가 부지기수였다. 회사 생활 20년 차인데. 그렇게 나는 '글쓰기 낙제생'이었다.

예전부터 책을 써 보고 싶었다. 고귀한 목적은 아니었고, 노후를 위한 파이프라인 측면이었다. 미국에 있는 100세 넘은 노작가의 일화를 책에서 본 적이 있는데, 일흔이 넘은 아들 셋과 한 달에 한 번씩 식사하고 밥값은 항상 노작가가 낸다는 것이다. 나이 먹고서도 계속할 수 있는 일이란다. 아니, 나이 먹을수록 더 잘할 수 있다는 것이었다. 그렇게 책에 대한 욕심이 생겼지만, '글쓰기를 못 하는 사람'인 나는 감히 시도를 못 하고 있었다.

그러던 중 용기를 주는 사건이 생겼다. 리더에게 맞는 교육 프로그램을 만들기 위해서는 현업에 있는 리더를 직접 만나 의견을 듣는 작업이 꼭 필요하다. 면담을 위해 만난 리더 한 분과 커피를 앞에 두고 마주 앉은 자리에서 이런 말을 듣게 된다.

"정말 뵙고 싶었어요. 책임님 메일을 읽으면 어떤 마음으로 이 메일을 썼을까 생각하게 됩니다. '진짜 우리를 돕고 싶어 하는구나.' 하는 마음이 느껴져요. 꼭 한번 뵙고, 고맙다고 말씀드리고 싶었어요."

진심으로 감사했다. 처음으로 내가 쓴 글에도 힘이 있다는 걸 알았다. '글쓰기를 못 하는 사람'이라서 접어놨던 그 마음을, 그분이 다시 펼쳐 주었다. 하지만, 여전히 책 쓰기는 큰 부담이었다. 고민만 계속하고 있을 때, 최근에 책을 출간한 지인이 조언을 해줬다. 어려운 말도 쉽게 풀어내는 장점이 있으니, 그렇게 글을 써 보란다. 하고 있는 강의를 책으로 써 보라고, 말할 때처럼 자신감 있게 쓰면 된다고 했다.

글부터 써 봐야겠다 싶었다. 하지만 언감생심, 한 문단도 쓰기 쉽지 않았다. 본 게 있어야 풍월이라도 읊을 텐데, 그때 당시 책을 1년에 한 권도 채 읽지 않았으니, 글을 못 쓰는 건 어찌 보면 당연했다. 책을 쓰겠다는 작자가 이렇게도 책도 안 읽다니, 내가 생각해도 도둑놈 심보네. 라고 생각하며 책을 한 권씩 읽기 시작했다.

이십 대 때는 머리가 핑핑 돌아갔는지, 말을 잘한다는 소리를 꽤 들었다. 그래서 책을 읽어야겠다는 생각조차 안 했다. '아버지 따라, 나도 말을 잘하는구나? 굳이 책을 왜.'라고 생각했다. 그게 지금은 못내 후회로 남는다. 일찍 좀 시작할걸, 아버지 말 잘 들을걸, 그럼 지금쯤 꽤 많이 봤을 텐데, 하고. 지금은 아침에 일어나자마자 삼십 분 책을 읽는다. '읽어야 하는 상황'에 놓일 수 있도록 독서 모임도 세 개 직접 만들었다.

글쓰기 재주가 없어 책 읽기만 시작했는데, 어쩔 수 없이 글을 써야 하는 상황이 생겼다. 꽤 오랫동안 공부하던 재테크 카페에서 수업을 들은 후 강의 후기나 경험담을 써서 게시판에 올리라는 숙제가 나왔다. 어떻게 써야 하나 하다가, 6년 전 경험을 되살려 서울 아파트 매도에 대한 글을 썼다. 어? 댓글이 달린다.

'와, 숨도 안 쉬고 읽었어요. 저도 막 긴장이 되네요. 몰입감이 진짜 좋네요, 막힘없이 술술 읽었어요.'라는 댓글을 신기해하며 그 댓글을 백 번도 넘게 읽은 것 같다. 이런 댓글은 열 번 중에 한 번 정도였지만, 그 한 번에 '나도 글을 쓸 수 있겠다.'라는 자신감이 생겼다.

매일 한 개의 문단만 써 보기로 한다. 아침마다 어제 있었던 일을 복기하고, 간단히 그 일로부터 느끼고 깨달았던 것들을 썼다. 재테크 공부를 같이하던 채팅방 열 개에 공유했다. 처음엔 미라클 모닝이 목표였고, 5년 동안 단 하루도 빼먹지 않았다. 그렇게 나에게는 '꾸준함'이라는 브랜드가 생겼고, 내 글쓰기에는 '프레임'이 생겼다. 사실 아침에 글을 올려도 답을 하는 사람들은 거의 없지만 이제는 내 브랜드를 유지하기 위해서라도 매일 쓰게 된다. 하루 깜박하고 어느 방을 빠트리면 '오늘 글이 안 올라오네요, 무슨 일 있으세요?'라는 메시지가 올라온다. 다행이다. 몇 명이라도 보고는 있었구나!

책에 대한 욕심이 스멀스멀 일었다. 덜컥, 책을 써 보자고 마음먹었다. 일단 해보자, 안되면 말고. 내가 죽을 때, '책 한번 쓰고 싶었는데!'라는 후회가 들면 안 될 것 같았다. 몇 권 팔리는 게 무슨 대수랴. 책을 읽다 보니, 글을 쓰는 방법에도 여러 가지가 있더라. 어떤 분들은 명확한 논리와 증명을 갖고 쓰기도 하고, 감정을 풀어내서도 쓴다. 철학을 바탕으로 인문학을 이야기할 수도 있지만, 일상을 수필 형식으로 쓰기도 한다. 나는 흐름이 좋다는 평을 종종 받는 편이라 어제 있었던 일과 느낀 걸 써 본다. 다시 한번 읽어보고 의미 전달이 잘 됐는지 본다. **그렇게 하루하루 글을 쓰기 시작했다. 우선 써 보는 게 중요하다.** 일단 해보자, 죽기 전에 후회하지 않도록,

다른 사람 눈치 보지 말고, 처음부터 잘 쓸 생각도 하지 말고, 너무 깊게 고민하지 말고.

의지가 강하지 못해 지인들에게 글 쓰겠다고 선언도 한다. 동료들과 같이 써 보는 것도 꽤 괜찮다. 인생 살아보니, 공부하기, 일하기, 글쓰기 좋은 날은 없다. 그럼에도 불구하고 하는 거다.

얼마 전에도 팀장한테 메일 회신을 받았다. 전달하려는 메시지가 명확하지가 않다고, 두괄식으로 쓸 말만 딱 쓰라고. 잠깐 기가 죽고 자존심도 상하긴 했지만, "알겠습니다!"라고 힘을 넣어 말해본다. **회사에서 메일 쓰기와 일상의 글쓰기 방법은 완전히 같지는 않다는 걸 이제 아니까.** 자꾸 쓰다 보면 늘 거니까.

한 문장부터 시작이다. 지금, 이 글을 읽고 어떤 생각이 들었는지, 귀퉁이에 한번 써 볼까? 썼는가? 그럼, 당신도 이제 시작한 것이다!

작가의 루틴 팁 내가 만들고 싶은 루틴을 다른 사람에게 선언하세요! 내뱉은 말에는 힘이 생깁니다.

"성장은, 실패에도 불구하고
한 걸음 더 나아가는 매일의 시도다."

성장의 시간, 오전 셀프 체크리스트

작은 실행이 더 나은 나를 만듭니다.

☐ 몇 페이지 독서했나요?

☐ 뒤로 걸어 봤나요?

☐ 오늘 가장 먼저 해결해야 할 단 하나는 무엇인가요?

☐ 오늘 무엇을 다르게 행동해 볼까요?

☐ 지금 내 몸을 깨우는 행동으로 무얼 했나요? 스트레칭은 어때요?

☐ 오늘의 목표, 다른 사람에게 선언했나요?

☐ 배우고 싶은 취미나 운동이 있나요? 지금 하지 않으면 언제 할 건가요?

Chapter 3

오후: 연결

나와 세상이 만나는 순간

나에게 연결이란,

글을 통해 타인과 마음을 나누며 서로를 발견하고 공감하는 힘이다_김수인

함께 이루어가는 더 큰 세상이다_김한조

내가 세상과 소통하고 삶을 살아가게 하는 에너지다_서진아

진심을 나누는 만남과 소통 속에서 삶의 균형과 풍요로움을 열어 준다_윤현아

작은 움직임의 영향력이다_이복선

점과 점이 이어져 세상이 되는 것이다_이순덕

책장에서 시작된 질문이 세상과 이어지는 길이다_이윤경

삶과 삶 사이의 다리다_이윤지

서로의 삶에 크든 작든 영향을 미치는 일이며, 다시 나아가게 하는 힘이다_정혜진

동시대를 살아가는 사람들이 각자 가지고 있는 '의미'이다_최민욱

내 블로그에도 댓글이 달렸다

김수인

2005년 네이버 블로그를 개설했다. 당시에는 남들도 하니까 '이게 뭐지?' 하는 호기심에 계정을 만들었다. 블로그를 꾸준히 운영하지는 않았다. 몇 번 글을 써 보려 했지만 흐지부지되었고, 결국 방치된 채 시간이 흘렀다. 그렇게 기억 속에서 점점 희미해졌고, 어느 순간 완전히 잊혔다. 그러다 올해 2월, 글쓰기에 관심이 깊어지면서 문득 내 블로그가 떠올랐다. 혹시나 하는 마음으로 찾아보니, 놀랍게도 블로그 계정이 그대로 살아 있었다. 오랜 시간이 지나도 사라지지 않은 블로그는 글쓰기를 다시 시작할 기회를 안겨주는 공간이었다. 마치 잠시 멈춰뒀던 인연이 다시 이어진 것처럼, 그렇게 다시 블로그를 열었다.

글을 올리면서 변화가 찾아왔다. 처음에는 나 혼자 쓰는 공간이라고 생각했다. 점점 이웃이 생기고, 글에 댓글도 달리기 시작했다. 내 글에 공감해 주는 사람들이 있다는 것이 놀랍고 기뻤다. 공감 하트가 몇 개인가 세어 보게 됐다. 누가 댓글을 달았나 찾아보게 되었다. 공감 하트 개수가 많으면 많을수록 내 심장 박동수도 올라갔다. 공감 하트 하나에도 마음이 움직이고, 댓글 하나에도 하루가 환해진다. 단순히 내 생각을 기록하는 것을 넘어, 다른 사람들과 연결되고 있다는 실감이 들었다. 혼자 쓰는 기록이 누군가와 연결이 되며, 글쓰기는 소통의 기쁨으로 확장되고 있었다.

블로그는 나를 표현하는 또 다른 이름표가 되었다. 내 블로그의 이름을 바꿔야겠다는 생각이 들었다. '낭만김장군'이라는 이름은 오래전 독서 모임 시절에 만들어진 닉네임이다. 팍팍한 삶이지만 낭만을 잃고 싶지 않은 마음과 생긴 것 같지 않게 의외로 터프한 면이 있는 내 성격을 담은 김장군을 합친 단어다. 원래 나는 낭만김여사로 하고 싶었다. 주변 지인들이 너는 김여사 이미지가 아니라며 김장군이 맞다고 억지 김장군이 탄생했다. 새로 탄생한 내 블로그 이름은 '수인 살롱'이다. 삶을 탐구하며 내 취향을 담고 다양한 이웃을 만나는 곳. 느슨하지만 끈끈한 네트워크가 이루어지는 공간. 사람과 사람을 잇는 이로운 살롱. 내 삶에서 보고 듣고 느꼈던 것들을 나누는 공간으로 만들어 보겠다는 의지를 담았다.

이웃 블로그 방문은 또 다른 즐거움이다. 블로그 이웃들은 각자의 방식으로 삶을 기록하고 있다. 누군가는 일상의 소소한 순간들을 공유했고, 누군가는 깊이 있는 생각을 나눈다. 그들의 글을 읽으며 새로운 시각을 얻기도 하고, 공감하며 따뜻한 위로를 받는다. 그렇게 블로그는 단순한 글쓰기 공간을 넘어, 사람들과의 연대감을 느끼게 해주는 중요한 공간이 되었다.

일상의 기록이 서로를 이해하게 만들며, 물리적 거리 대신 정서적 가까움을 만들어 낸다. 마우스 클릭 몇 번으로 엿보는 이웃집의 일상은 낯설지만 익숙한, 낯설지만 반가운 느낌을 준다. 서로의 삶을 읽고 쓰며 우리는 조금씩 더 가까워졌다.

최근에는 30년지기 친구가 블로그 이웃이 되었다. 매일 전화 통화를 하는 친구지만 블로그 속 글을 읽고는 "몰랐던 너의 모습이 보인다."라고 말했다. 본인이 보고 싶었던 내 모습만 보다가, 내 글 속에서 새로운 나를 발견하고 있단다. 내가 책을 읽고 글을 쓰는 모습을 보면서, 자신도 책 읽어야겠다는 생각이 들었다며. 친구는 다시 책을 집어 들었다. 딸아이의 알림장에 꾹꾹 눌러 필사도 시작했다. 내가 쓴 글 한 편이 친구의 일상에 작고 따뜻한 변화를 만들고 있었다. 하찮은 일상이 글이 되어 누군가의 삶에 긍정적인 영향을 미칠 수 있음이 감사하고 마음을 따뜻하게 만들었다.

더 흥미로운 점은 나 역시 친구가 내 글을 읽고 있다는 사실이 글을 쓸 동기부여가 되었다. 친구와 퇴근길에 주고받는 전화 통화를 주제로 한 편의 글을 포스팅했다. 친구가 글을 읽고 즐거워할 것을 상상하니 쓰는 내내 입가에 미소가 머물렀다. 글쓰기 수업에서 귀에 못이 박히도록 들었던 "카페에서 친구와 수다 떨듯이 글을 쓰세요."가 자연스럽게 실현되었다. 실제로 친구와 수다를 떠는 느낌으로 글을 쓰니 더욱 자연스럽고 재미있게 글이 써졌다. 친구 역시 자신의 이야기가 담긴 글을 읽고 무척 기뻐했다. 글이 사람과 사람을 이어주는 힘이 있음을 깨달았다. 글이 사람을 이어주고, 사람이 글이 되어 재탄생하는 과정. 블로그는 그렇게 사람과 사람을 연결하는 공간이 되었다.

네이버 블로그 이웃 중에는 직장 동료도 있다. 회사에서는 업무가 바쁘고 근무하는 위치도 달라 직접적으로 대화할 기회가 많지 않았다. 어느 날, 회사에서 속상한 일이 있어 블로그에 글을 남겼다. 동료가 따뜻한 위로와 공감의 댓글을 남겼다. 순간 내 비밀 일기를 들켜버린 것 같은 기분이 들었다. 한편으로는 내 마음을 알아주는 것 같아 고마웠다. 이 일로 개인적인 이야기를 쓰는 것이 과연 옳은가에 대한 고민이 깊어졌다. 내가 그동안 글쓰기에 소극적이었던 이유도 바로 이것이다. 나를 세상 밖으로 솔직하게 드러내는 것이 두려웠다. 포장된 사회적 모습이 아니라, 내면의 복잡한 감정과 숨겨진 진짜 나를 드러내면 사람들이 나를 이상하게 보지는 않을까, 혹은 비난하지는 않을까 하는 두려움이 있었다. 하지만 감정을 숨긴다고 해서 사라지는 건 아니었다. 오히려 내면을 억누를수록 공허함과 결핍이 더 커지고, 엉뚱한 방식으로 해소하려는 부작용이 생겼다. 나에게 글쓰기가 필요하다는 사실을 다시 한번 깨달았다. 이제는 '다시 시작하는 글쓰기'라는 카테고리를 만들어 솔직한 내 감정을 담은 글을 써 내려가고 있다. 생각보다 내 글을 읽는 사람이 적다는 사실에 용기를 내어 계속 글을 쓰기로 했다.

블로그는 내 가족관계에도 변화를 불러왔다. 딸아이의 초보운전 경험과 나의 초보 작가 경험을 비교하는 글을 썼다. 딸에게 블로그 링크를 보내주었다. 평소 엄마가 글을 쓰는 것을 보지도, 듣지도 못했던 딸아이는 엄마의 글이 신기한지 눈을 동그랗게 뜬다. 운전은 가족에게 배우면 안 된다는 말이 괜한 말은 아니었다. 딸을 운전 연습시키다 보니 나도 모르게 예민해지고 목소리가 커졌다. 목소리에 잔뜩 화가 묻어 나온 상태로 운전 똑바로 안 하냐고 핀잔을 주고 윽박질렀다. 현실 속 까칠한 엄마가 글 속에서는 세상 부드러운 엄마가 되었다. 글 속에서는 초보운전 딸이 내심 대견하고 사랑스러웠다는 진심과 따뜻한 시선을 전달했다. 나 못지않게 무뚝뚝한 경상도 딸도 별다른 말은 하지 않지만, 입술을 실룩거리는 걸 보니 싫지 않은 눈치다. 글이 딸과 엄마 사이에서 말로 표현하지 못한 애정을 전달하는 메신저 역할을 해주었다.

이제 내 블로그는 단순한 개인 기록을 넘어, 소통의 장이 되어가고 있다. 이웃들과 함께 글을 나누고, 서로의 이야기에 귀 기울이며 공감하는 과정에서, 블로그를 운영하는 즐거움이 커지고 있다. 처음에는 그저 나만의 공간이라고 생각했던 블로그가, 이제는 사람을 잇고 삶을 확장하는 통로가 되었다. **글을 쓰면서 나를 돌아보았고, 글을 읽은 사람들이 내게 따뜻한 말로 다가왔다. 기록하는 손끝에서 이어지는 마음, 그 마음이 누군가의 하루를 더 따뜻하게 만든다. 그리고 나는, 그 연결의 순간들을 통해 매일 조금씩 성장해 간다.** 블로그는 결국, 나와 세상 사이를 잇는 조용하고 단단한

다리였다. 블로그 포스팅 글이 늘어날수록 미숙하고 어리석은 나의 내면도 더 성장하고 있다. 꾸준히 블로그 글을 채워나가며 나 자신을 알아가고 타인을 이해하면서 세상과의 소중한 연결을 더 깊이 이어가고 싶다.

> **작가의 루틴 팁** 혼자 쓰는 기록도, 누군가에게 닿는 순간 삶을 이어주는 다리가 됩니다. 주저하지 말고, 오늘 한 줄이라도 써보세요.

2

연결과 관계가 만드는 인생의 새 장

김한조

최근 3년 동안 많은 변화가 있었다. 마지막 10년간 근무했던 회사에서 퇴사하며 23년간의 직장생활을 마무리했다. 평생 살아왔던 지역을 떠나 이사도 했다. 회사에 속해 있을 때는 걱정이 없었다. 그 안에서 평화롭게 지내며 정작 미래는 준비하지 않았다. 따박따박 나오던 월급의 중요성도 회사를 벗어나고 나서야 절실히 느꼈다. 밖의 세상은 만만한 것들이 없었다. 퇴직 후에는 일뿐만 아니라 삶의 방식과 인간관계까지 새롭게 시작해야 했다.

퇴사 후 사회복지사 자격증도 취득했다. 손해평가사 일도 경험해 보았다. 주식과 부동산도 투자자로 거듭나려고 공부했다. 회사에 다닐 때보다 시간이 빠르게 흘러갔다. 새로운 것을 시작하는 데에 대한 거부감은 없었다. 하지만 오랜 기간 익숙한 환경에서 벗어난 것에 대한 두려움은 피할 수 없었다. 짧은 기간 동안 투자의 성공과 실패도 겪었고, 계획하지 않았던 사업의 기회들도 생겼다. 20년 이상 관련된 업종의 사람들만 만나왔지만, 이후로는 다양한 분야의 새로운 사람들도 만날 수 있었다. 직장이라는 울타리 안에서는 경험할 수 없었던 세상을 마주하며, 생활 방식과 업무뿐 아니라 만나는 사람들과 환경이 완전히 달라졌다.

외식업을 전공하고 관련된 업무를 하였다. 퇴사 후 지금은 숙박업을 하고 있다. 2021년 부동산 급등기에 무턱대고 관광지의 숙박 시설들을 분양받았다. 그 시설들이 작년에 오픈했다. 전문적 지식 없이 시작했기에 역시 수익률이 높지 않았다. 그저 두고 볼 수만은 없었다. 더 깊이 아는 것이 최선이었고 전문가가 되어야 했다. 관련된 강의를 들으며 열정 넘치는 강사님과 동기들을 만났다. 결국, 기존 숙박 시설을 운영하기 위해 들은 강의였는데 오히려 도심에서 숙소 한 개를 더 오픈했다.

관광지에 있는 숙박 시설들은 애초부터 문제가 많았다. 시공사와 운영사의 불투명한 관계, 관리단 구성의 문제, 분양받은 사람들끼리도 의견이 달라 서로 간의 불신이 쌓여갔다. 해결해야 할 일들은 계속 늘어났고, 전문적으로 아는 사람들도 없어 상황은 점점 더 혼란스러워졌다. 가장 큰 문제는 모두가 생각이 달라 좀처럼 의견이 모이지 않는 점이었다. 분양받은 사람들은 거의 '묻지 마 투자' 식으로 온 사람들이었다. 각자의 생각들도 다르고 아는 게 없다 보니 무엇이 맞는지조차 판단하기 어려웠다.

그럼에도 불구하고, 의지가 있는 몇몇 사람들과 함께 전문가를 찾아다니며 조언을 들었다. 세부적으로 공부하고 알아가니 조금씩 정리가 되기 시작했다. 서로의 신뢰를 쌓기 위해 법인 사업체도 만들고, 비용 집행과 진행 상황을 투명하게 공개했다. 그렇게 하나둘씩 체계를 잡아갔다. 모르는 것은 공부하며 알아가면 되었지만 제일 어려웠던 건 사람들을 한뜻으로 모으는 일이었다. 결국, 문제를 해결하는 데 있어 가장 중요한 것은 사람과 사람 사이의 신뢰와 협력이었다.

당시 함께한 운영진들은 서로에게 큰 힘이 되었다. 각자 맡은 역할을 해내며, 필요한 일이 있으면 주저하지 않고 먼저 나섰다. 자신의 자리에서 최선을 다하자, 일은 훨씬 빠르고 원활하게 진행되었다. 눈앞에 닥친 급한 사항들을 직접 해결해 보니 더욱 깊이 사업 자체를 이해할 수 있었다. 한뜻으로 함께하는 사람들도 서른 명이 모였다. 이들은 고생 끝에 얻은, 가장 소중한 인연이자 든든한 자산이 되었다.

도심에 있는 숙소를 준비하면서도 많은 사람의 도움을 받았다. 강사님은 수강생들의 오픈을 위해 단순한 강의 이상의 조언과 적극적인 지원을 아끼지 않았다. 함께 했던 동기들은 각자 경험을 나누고, 실질적인 해결책을 함께 고민하며 서로에게 힘을 주었다. 친구의 도움으로 공사도 직접 손봐가면서 했기에 공간에 대한 애정도 더 깊어졌다. 막막함과 두려움이 밀려오던 순간마다 곁에서 힘이 되어 준 사람들이 있었다. 이처럼 언제나 누군가의 도움이 이어졌기에, 예상치 못한 어려움도 잘 이겨낼 수 있었다.

숙소에 방문하는 고객들을 직접 만나는 경우는 거의 없다. 메시지로 소통한다. 숙소 정리를 할 때면 방문객들의 특성을 어느 정도 파악할 수가 있다. 무슨 목적의 방문인지, 어떤 성향의 가족들일지, 친구들끼리 어떻게 시간을 보냈을지 등이 보인다. 가끔은 숙소를 온통 쓰레기장으로 만들고 가는 고객들도 있다. 당황스럽기는 하지만 그것마저 사람들을 알아간다는 재미가 있다. 직접 만나지 않아도 머문 이들의 흔적이 남는다. 한 번은 근처 입주할 집이 공사 중인 가족들이 묵었다. 부족한 물품 보충을 위해 방문하였다. 아이들의 할머니가 계셔서 이사를 결심하게 된 계기부터 이전 동네는 어떠했는지, 앞으로 손주들 학교를 보낼 계획들과 가족들의 생각까지 많은 이야기를 나눴다. 본인이 손주들 픽업해야 해서 졸업시킬 때까지 고생문이 열렸다고도 했다. 그렇게 말은 하지만 밝게 웃는 모습에서 가족들을 사랑하는 마음이 느껴졌다. 이야기를 들으며 어르신들은 어떠한 생각을 하고 있는지, 지나온 삶의 지혜들을 듣고 깨닫는 부분들도 많다.

업종은 달라도 20년이 넘는 외식업에서의 경험들은 많은 도움이 된다. 음식을 파는 것과 객실을 파는 것은 다르지만 고객을 대하는 서비스의 개념에서는 맞닿아 있다. 객실을 운영하면서도 사소한 부분에 신경을 더 쓰면 고객들이 감사를 표한다. 부족한 부분에 대해서는 쓴소리도 듣는다. 처음 외식업을 시작하며 사소한 문제 제기에도 당황하고 어찌할 줄 몰랐던 때가 떠오른다. '내가 왜 이런 소리를 들어야 하지? 잘못한 게 없는데?'라는 생각도 들었고, 그런 마음이 쌓여 퇴사를 고민한 적도 많았다. 사람들을 상대하는 서비스, 영업직에 있는 모든 사람이 느끼는 감정일 것이다. 서비스 교육을 받으면 고객에게 진심으로 대하라고 하지만 나의 진심이 무엇인지도 잘 몰랐다. 서비스 정신이 애초에 몸과 마음에 배인 사람도 있겠지만 나는 그러지는 못했다. 시간이 한참 지나며 마음의 여유가 생겼다. 그제야 고객이 무엇에 불쾌한지 공감이 되기 시작했다. 진심으로 다가가니 대부분의 문제는 원만히 풀렸다. 내 마음을 진심으로 열었을 때 막무가내로 반응한 고객은 거의 없었다.

결국, 세상의 모든 일은 사람으로부터 비롯되고, 사람으로 완성된다. 혼자 노력해서 얻어야 할 것도 있고, 함께 이루어내야 할 결과도 있다. 하지만 혼자서 해냈던 일들이 얼마나 있을까? 그다지 떠오르지 않는다. 누군가의 도움을 받았고, 나 또한 누구에게 힘이 되어 주려 했던 순간들이 기억에 남는다. 그 안에서 나의 마음가짐과 행동들이 가장 중요하겠지만 모든 일은 사람과 사람의 연결 안에 있다는 것을 점점 더 느낀다. 어릴 때는 잘 몰랐지만, 이제는 관계에 대한 소중함을 알기에 더 노력하고 조심하려고 한다. 세월이 지나며 조금씩 어른이 되어간다. 아무리 긴 시간이 지나도 완벽해질 수는 없겠지만 **누군가에게 의미가 있는 사람으로 남는 것은 충분히 가치가 있다.** 오늘 하루 나는 누구에게 의미 있는 한 사람이었는지, 나에게 의미 있는 사람은 누구였는지 생각해 볼 수 있는 하루가 되었으면 한다.

3

오늘도 요가 매트를 펼칩니다

서진아

    오후 5시, 나는 매일 요가원으로 출근 도장을 찍는다. 하루 중 가장 중요하고 익숙한 활동이다. 4년 전 넘어져 왼쪽 다리가 부러졌다. 정강이뼈는 다섯 조각으로 깨졌고, 철심을 박은 채 6개월간 휠체어에 앉아 지냈다. 철심 빼는 수술을 하고 1년 반을 환자로 지냈다. 오랫동안 움직이지 못했다. 관절이 굳고, 계단 몇 개만 올라가도 숨이 찼다. 사고 전에는 날씬하고 건강했다. 사고로 변한 내 몸을 보니 우울했다. 눈물이 났다. 변해버린 내 몸을 보며 자책했고, 눈물도 흘렸다. 이렇게 살면 안 된다는 생각이 들었다. 할 수 있는 운동이 뭘까 고민했다. 오래 걷거나 달리는 운동, 무거운 것을 드는 운동, 다리를 빠르게 움직이는 운동은 할 수가 없었다. 처음엔 수영을 생각했다. 하지만 집이랑 멀기도 하고 수영장에서 넘어지면 더 큰 일 날 것 같았다. 포기다. 요가가 눈에 들어온다. 동네에는 요가원이 많다. 매일 갈 수 있는 위치에 있는 요가원에 등록했다. 평소에도 유연하지 않은데 사고로 더 굳어버린 몸이 수업을 따라갈 수 있을까? 다리 운동능력이 다 돌아오지 않았는데 잘 버티며 자세를 취할 수 있을까? 고민이 앞섰다. 고민할 시간에 일단 부딪혀 보자는 마음으로 요가원에 갔다.

2024년 1월, 그렇게 요가인이 됐다. 처음은 요가를 쉽게 생각했다. 내 몸에 큰 변화가 있을까 의심도 했다. 예상과 달리 요가는 힘든 수련이었다. 천천히 할 수 있는 동작을 따라 하고 호흡 수련도 했다. 명상도 게을리하지 않았다. 어느 날 몸이 날아갈 것처럼 가벼워졌다. 몸무게의 변화는 크게 없었다. 몸에 힘이 생겼다. 몸을 스스로 제어할 수 있다는 자유도 느껴졌다. 숨 쉬는 것도 불편함이 없었다. 잘 돌아가지 않던 왼쪽 발목도 부드럽게 돌아갔다. 조금이라도 해 보자는 마음으로 꾸준히 1년을 다녔다. 내 몸과 마음이 변하고 있었다.

체중계에 올라가면 엄청난 변화가 있진 않았다. 심지어 겨울엔 되레 살이 찌기도 했다. 하지만 몸이 건강해진다는 느낌이 들었다. 이전과 다르게 가벼웠다. 더 많이 걸을 수 있었다. 아파서 제대로 돌리지 못하던 고관절도 돌아가기 시작했다. 제일 중요한 건 변화를 내가 느낄 수 있었다는 거였다. 사고 후 한동안은 걷는 것조차 두려웠던 나였다. 또 넘어져 다치진 않을까 무서웠다. 괜히 몸 움직이다가 또 다치면 어쩌나 하는 생각도 들었다. 하지만 이젠 누구보다 먼저 요가원에 도착한다. 자리 잡고 앉아 수련한다. 매일 하는 운동이 의기소침해 있던 내게 다시 활력을 가져다주었다. 다시 움직일 수 있다는 것도 알려주었다. 더 잘 움직일 수 있다고 용기를 북돋아 주었다.

처음부터 요가가 내 삶에 활력이 되는 건 아니었다. 오히려 좌절하는 날이 많았다. 부상 후유증으로 오른쪽 다리도 불편해 다리 운동을 할 때면 괜히 움츠러들었다. 남들은 다 하는 자세인데 따라 하지 못해 부끄러웠다. 내 뜻대로 움직이지 않는 내 다리가 답답했다. 그만두고 싶었다. 그때마다 원장님과 언니들이 응원해 줬다. 할 수 있는 만큼만 꾸준히 해 보자고 이끌어 줬다. 주변 분들의 응원 덕에 조금씩 나아지는 몸을 보면서 마음을 잡았다. 안되던 자세에 성공하거나 어제보다 조금 유연해진 몸을 깨닫는 순간, 성취감을 느꼈다. 작은 성취감들이 포기하지 않고 꾸준히 요가를 할 수 있게, 계속 움직이게 도와줬다.

1년 넘게 요가를 하며 조금이라도 꾸준히 계속하는 게 얼마나 중요한지 깨달았다. 큰 변화를 기대하며 한 번에 변화되길 바라는 건 아니다. 천천히, 꾸준히가 바로 나를 변화시켰다. 아픈 몸을 회복시키려고 시작한 요가가 나를 변화시켰다. 건강해지고 싶은 마음, 변하고 싶은 마음, 매일 가는 요가원, 건강한 생각, 차분한 마음. 나의 작은 선택들과 행동들이 쌓여 큰 변화를 만들었다. 변화는 거창한 결심에서 시작되는 것이 아니다. 아주 사소한 선택들이 모여 삶을 바꾼다. 처음 요가를 시작할 때도 그랬다. "운동을 해야 한다."라는 큰 결심을 한 게 아니었다. "오늘도 가서 앉아 있자."라는 작은 선택을 한다. 매일의 작은 선택이 쌓여 한 달, 1년의 변화를 만들었다.

꾸준함은 빠른 결과를 약속하지 않는다. 하지만 꾸준함이 만드는 변화는 확실하다. 몸이 가벼워진다. 움직임이 부드러워진다. 무거운 감정들도 조금씩 풀려나간다. 예전처럼 쉽게 지치지 않는다. 조금 더 나를 믿게 되었다. 과거에는 불가능하다고 생각했던 일들도 이제는 자연스럽게 이어진다. 여전히 완벽하진 않지만. 요가 동작을 따라 하기 어려운 날이 있다. 가끔은 아무것도 하기 싫은 날도 있다. 하지만 이제는 안다. 더 이상 중요한 건 그게 아니다. 진짜 중요한 것은 "다시 시작하는 것"이다. 오늘도 나는 매트를 편다. 내일도, 그다음 날도. 아무리 힘들어도, 완벽하지 않아도, 아주 조금씩 천천히 매일 나아가는 것. 내가 요가를 통해 배운 가장 소중한 교훈이다. 종종 극적인 성공을 꿈꾸지만, 진정한 변화는 매일의 적은 노력에서 시작이다.

처음에는 가장 기본적인 요가 자세를 취하는 것도 몸이 잘 따라주지 않았다. 굳어 있는 근육은 쉽게 풀리지 않았고, 숨을 깊게 들이마시는 일마저 서툴렀다. 나는 왜 이렇게 유연하지 못할까, 왜 이토록 집중이 안 될까? 스스로 자책도 많았다. 하지만 그런 나 자신을 받아들이기로 했다. 잘하지 않아도 괜찮다고, 지금의 나로도 충분하다고 다독이며 아주 조금씩 나아갔다. 그렇게 버겁게 시작한 5분은 어느새 10분이 되었고, 한 가지 자세는 두 가지, 세 가지로 늘어났다. 몸은 여전히 뻣뻣했지만, 마음은 조금씩 부드러워졌다. 어떤 날은 오히려 더 퇴보한 것처럼 느껴질 때도 있었지만, 전체적으로 보면 나는 앞으로 나아가고 있었다. 중요한 건 매일 '조금이라도' 해냈다는 사실이었다. 완벽하게 해내지 못한다고 해서 아예 시도조차 하지 않는 날들보다는, 서툴고 느리더라도 오늘 할 수 있는 만큼 해낸 날들이 나를 더 단단하게 만들었다. 변화는 결코 거창한 각오나 완벽한 계획으로 이루어지지 않는다. 오히려 아주 소박한 시도에서 시작된다. 잠깐이라도 마음을 들여다보는 시간, 어제보다 한 동작이라도 더 해본 용기, 몸이 무거운 날에도 매트를 펼친 마음가짐. 그 하나하나가 내 삶을 조금씩 변화시키고 있었다. 그런 하루들이 쌓이고 나니, 어느 순간 나도 모르게 내 안에 힘이 생긴 것을 느꼈다. 누구와의 연결 없이도 말이다.

완벽해질 때까지 기다릴 필요는 없다. 작은 시도, 짧은 시간, 서툰 몸짓이라도 괜찮다. 천천히 쌓은 날들이 나를 바꿨다. 작고 더딘 걸음이었지만, 늦지 않았다. 아주 작은 걸음도 삶의 방향을 바꿀 수 있다. **완벽하지 않아도 괜찮다. 천천히 한 걸음씩 나아간다면, 그 안에 의미와 기쁨이 있다.** 그러니 오늘도 그저, 내 방식대로, 내 속도로. 그렇게 천천히 앞으로 나아가 보자.

> **작가의 루틴 팁**
> 운동도 마찬가지입니다. 쉽게 시작하세요. 헬스장을 간다면 집과 가장 가까운 곳, 걷기를 한다면 운동화 끈을 매는 순간부터 운동입니다. 시작을 어렵게 하지 마세요. 지금 당장 시작하세요.

다르게 연결되지만 진하게 공감하다

윤현아

인간은 본래 사회적 동물이다. 내향적인 성향이 강한 나에게 타인과의 시간은 종종 피로를 불러오고, 감정적인 소진을 안기기도 한다. 하지만 살아갈수록 더욱 깊이 느끼는 것은 내가 결코 혼자 살아갈 수 없다는 사실이다. 이제는 누구를 만나고 어떤 시간을 보내는지가 매우 중요해졌고, 그 기준에 따라 만남을 더욱 신중히 선택하게 되었다. 모든 만남에는 나름의 의미가 있겠지만, 그 진정성에 귀 기울이며 관계를 맺으려 한다. 심리상담가이자 미술치료사로서 다양한 사람들과 짧지만 깊이 있는 만남을 자주 경험한다. 때로는 해외에 거주하는 내담자와도 2~3년에 걸쳐 온라인으로 상담과 미술치료를 꾸준히 이어간 적도 있다. 요즘도 매주 토요일 오후, 소중한 한 사람과의 만남을 위해 시간을 비워둔다. 토요일은 일반적으로 쉬는 날이지만, 그분과의 만남은 내게도 마음 깊이 남는 시간이기에 기꺼이 응한다. 그는 낯선 외국 땅에서 마음의 어려움을 겪으며 심리적 도움을 요청했고, 그 진심에 응답하고 싶었다. 우리는 겉으로 표현하지 않아도 통하는 부분이 많았고, 대화는 자연스럽게 이어졌다. 미술치료 특성상 온라인 상담 중간중간 미술 작업을 병행해야 했지만, 그 과정도 매끄럽게 진행되었다. 상담 전에는 필요한 준비물을 세심히 안내했고, 내담자는 성실히 챙겨 왔다.

실시간 화상으로 인사를 나누고, 일상 이야기를 주고받는다. 그리고 우리는 천천히 작업을 시작한다. 그림을 그리는 동안 내담자는 말없이 집중했고, 나는 화면 너머에서 그 모습을 지긋이 바라보며 마음을 함께했다. 때로는 작업 중 대화가 자연스럽게 이어지기도 했다. 누구의 인생도 절대 쉽지 않다. 각자에게는 저마다의 사정과 감당해야 할 과제가 있다. 함께 고민하고 바라보는 이 시간 속에서, 나 역시 많은 성찰과 깨달음을 얻었다. 상담은 일방적인 도움이 아닌, 상호 교감이다. 우리는 서로에게 좋은 거울이자 조용한 위로가 된다. 말로 다 전하지 않아도, 마음이 통하는 순간이 있다. 그 침묵 속에서 오히려 더 깊은 공명을 느낀다.

심리상담 분야에서 일하는 사람들 사이에는 흔히 하는 말이 있다. 이 일은 보람 있고 의미 있는 직업이지만, 경제적 여유를 보장해 주지는 못한다는 것이다. 상담가로 15년을 일해온 나 역시 그 사실을 부정할 수 없다. 하지만 나는 그 현실을 순순히 받아들이고만 있지는 않았다. 좋은 일을 하면서도 제대로 인정받지 못하는 상황이 억울하고 속상했다. 그래서 결심했다. 내가 좋아하고 잘하는 일로 돈을 벌 수 있는 방법을 찾기로. 그때부터 본업을 이어가면서 오후 시간을 자기 계발에 활용했다. '자기 계발'이라기보다는, 사실 '돈 공부'에 가깝다. 경제를 잘 모르던 나는 경제신문부터 매일 읽기 시작했다. 재테크와 투자 강의를 오프라인과 온라인으로 찾아 들었다. 하나의 사실을 발견했다. 부동산과 증권 투자로 돈을 번 사람들이 생각보다 많다는 사실이다. 놀라웠다. 하지만 공부하면 할수록 회의감도 점점 커졌다. 지금 하는 일과는 전혀 무관한 이 투자를 꼭 병행해야만 경제적 자유를 얻을 수 있는 걸까? 내면의 목소리는 그렇지 않다고 말했다. 끊임없이 물었다. '분명 다른 길이 있을 텐데…. 그게 뭘까?'

그러던 어느 날, 자기 계발계의 전설적 인물 밥 프록터의 강의를 듣다가 깊이 깨달았다. 좋아하고 잘하는 일로도 부를 이룰 수 있었다. 중요한 것은 외부 환경을 탓하지 않고, 마음속 신념을 바꾸는 것이라고 했다. 이루고 싶은 목표를 글로 적고, 그것이 실현되는 모습을 떠올리며 행동하라고 했다. 그리고 최선을 다한 뒤에는 신에게 맡기라고도 했다. 그는 세상을 떠났지만, 나는 여전히 그의 마인드를 배우는 사람들과 온라인과 오프라인에서 꾸준히 교류하고 있다. '하늘은 스스로 돕는 자를 돕는다.'라는 말처럼, 내가 부유함에 집중하며 배우고 대화하니 길이 조금씩 열리는 기분이다. 지금도 나는 상담가로서 경제적 자유를 이루기 위해 책을 펼치고 강의를 듣는다. 그보다 더 중요한 것은 그 과정을 함께 나누고 대화하는 일이었다. 느슨하지만 깊은 유대를 가진 이들과의 소통 속에서 나는 삶의 풍요로움과 만족감, 그리고 긍정적인 영감을 얻는다.

3년 전, 오랜만에 자기 계발서를 다시 펼치면서 그동안 거의 하지 않았던 독서를 열정적으로 시작했다. 한 달에 두 권 이상은 어떻게든 읽으려 애썼다. 자기 계발서를 중심으로 에세이, 상담 및 미술치료 전문 서적, 경제 관련 서적, 심지어 주식 투자 서적도 포함했다. 특히 주식 투자책은 마치 하얀 부분은 여백이고 검은 건 그냥 글자일 뿐이라는 말이 실감 날 만큼 이해하기 어려웠다. 전문가의 강의를 들으며 꿋꿋하게 한 권씩 읽어나갔다. 정말 책이 잘 안 읽히고 시간이 부족할 땐, 출퇴근길을 적극 활용했다. 피곤함과 졸음이 몰려오는 오후에는 오디오북이나 TTS 같은 음성 서비스를 활용해서라도 어떻게든 완독하려고 애썼다. 그러는 사이 나는 다독가가 되어 있었다. 조금은 어설퍼도, 여러 책을 끝까지 읽어내는 의지를 가진 독서가가 되었다.

책을 읽다 보면 마치 저자와 대화를 나누는 듯한 느낌이 들 때가 있다. 저자의 깊은 생각과 마음이 전해지고, 나는 마치 말을 걸듯 책에 밑줄을 긋고 메모를 하며 이런저런 생각을 한다. '왜 저자는 이 페이지에 이런 말을 남겼을까? 이런 뜻일까, 저런 뜻일까?' 하고 혼잣말하기도 한다. 하지만 그건 결국 저자에게 말을 걸고 있는 행위였다. 오후에 책을 읽으면 아무리 훌륭한 책을 읽어도 집중이 흐트러지고 졸릴 때가 있다. 그걸 극복하려고 최근 나만의 신박한 방법을 만들었다. 책을 소리 내어 읽고, 녹음하는 것이다. 마치 저자에게 빙의되어, 그 마음으로 책을 낭독한다. 녹음본 중 중요하거나 마음이 가는 부분을 수시로 다시 듣기를 한다. 그러다 보면 처음에 이해하지 못했던 내용을 저자와 소통하고 공감하며 비로소 이해되는 기회도 얻는다.

온라인 심리상담과 미술치료, 자기 계발 강의 속 소통, 책을 통해 저자와 나누는 간접적 대화. 이 모든 것들의 공통점은, 결코 혼자서는 할 수 없고 혼자서는 얻을 수 없는 것들이라는 것이다. 내게 오후는 그런 시간이다. **직접적이든 간접적이든 사람들과 만나 소통하는 시간. 새벽과 오전이 '나'에게 집중하는 시간이라면, 오후는 그 에너지를 타인과 함께 나누고 공감하는 시간이다. 그 시간은 혼자만의 시간만큼이나 소중하다.** 예전에는 그 시간이 소진되거나 낭비된다고 느끼기도 했다. 하지만 가만히 돌아보니, 그것 또한 나만의 방식으로 에너지를 채우는 시간이었다는 것을 진심으로 깨닫게 되었다. 나이 들수록 실감한다. 삶을 잘 살아간다는 것은, 어느 한쪽으로 기울지 않는 균형이란 것을. 성장기나 젊은 시절에는 '나는 원래 예민하고 혼자 있기를 좋아하는 사람이야.'라고 단정 짓곤 했지만, 심리학을 공부하면서 알았다. 오히려 내향적인 사람일수록, 진심이 오가는 관계 속에서 더욱 깊게 숨 쉬는 법을 배운다는 걸.

> **작가의 루틴 팁** 누군가에게 짧게라도 마음을 담은 메시지를 보내보세요. 마음을 나누는 행동은 나의 존재감을 높이고, 감정 회복에도 도움을 줍니다.

친정엄마의 삶과 나의 삶

이복선

친정엄마의 움직임은 최근 들어 점점 느려지고, 몸이 예전 같지 않다는 것을 깨닫는다. 바쁜 삶 속에서 서서히 변화되는 모습을 가끔 놓치기도 한다. 어느 날 문득, 숨을 고르며 천천히 걸어가는 모습을 보거나, 작은 일에도 쉽게 피곤해하는 모습을 볼 때, 우리는 조금씩 깨닫게 된다. 함께 할 시간이 얼마 안 남았다는 것을.

부모님을 모시고 살아가는 일은 때로는 부담스럽고 힘들기도 하지만, 그 안에는 우리가 깨닫지 못한 사랑과 감사가 담겨 있다. 부모님이 베풀어 주신 사랑을 돌려드릴 수 있는 기회가 우리에게 주어진 것이다. 가끔은 아픈 모습이 마음 아프고, 때로는 지칠 수도 있지만, 그 순간을 후회하지 않도록 마음을 다해 보살펴 드리고 싶다.

어느 날 부모님이 우리 곁에 더 이상 계시지 않을 수도 있다. 그때 가서야 더 잘해드릴 걸 후회하지 않도록, 지금 이 순간 부모님께 더 많은 관심과 사랑을 표현하자. "사랑해요."라는 말 한마디, 함께하는 따뜻한 식사, 손을 잡아드리는 작은 행동 하나가 부모님께는 큰 힘이 된다.

얼마 전 집 근처에서 모임을 마치고 돌아오는 길이었다. 핸드폰을 꺼내보니 가족들에 부재중 전화가 여러 통 와 있었다. 불안한 마음에 언니에게 전화를 걸었다. 떨리는 목소리로 언니는 말했다. "엄마가 쓰러지셨는데, 그대로 있으라고만 했어. 어떻게 할 수가 없어."라고 한다. 손녀를 돌보는 처지라 당장 달려갈 수 없는 상황이라고 했다.

순간 머릿속이 멈춘 듯했다. 외출할 때까지만 해도 엄마의 컨디션은 좋아 보였는데, 갑자기 이런 일이 생길 줄은 몰랐다. '제발 아무 일 없기를….' 속으로 되뇌며 발걸음을 재촉했다. 두 다리가 더 무겁고 느리게 움직인다. 집에 도착해 현관문을 열고 들어갔다. 엄마는 핸드폰을 손에 쥔 채 힘없이 누워 계셨다. 무릎을 꿇고 엄마를 끌어안았다. 나도 모르게 엉엉 소리 내울었다. 그런 나를 본 엄마도 함께 울었다. 가슴 깊은 곳에서 "감사합니다."라는 말이 터져 나왔다. 살아 계셔서 감사합니다. 정말 감사합니다.

저녁이 되자 엄마는 계속 가래가 심해 호흡이 힘들어 보였다. 수시로 약을 챙겨 드리고, 꿀물을 타 드리며 밤을 지새웠다. 엄마는 좀처럼 잠들지 못했다. 새벽이 되어서야 간신히 눈을 감으셨다. 그제야 나도 잠시 눈을 붙일 수 있었다. 아침이 밝자마자 가족들에게 연락해 응급실로 가야 한다고 말했다. 집에서 해결할 수 있는 상황이 아니었다. 다행히 병원에서 빠르게 응급조치를 해주었다. 산소 호흡기를 착용하고 여러 개의 주사를 맞으며 안정된 호흡을 되찾아 갔다. 의사는 비만이 가장 큰 위험 요소라고 했다. 이산화탄소가 제대로 배출되지 않아 호흡이 어려운 상황이며, 치료와 체중 조절이 필수적이라고 했다. 엄마는 의사의 지시에 따라 힘겹게 호흡을 맞추면서도, 잠깐씩 눈을 감았다 떴다. 그럴 때마다 나는 다급한 목소리로 "엄마, 살아야 해! 집에 가야지! 호흡해야 해!"라고 말하며 엄마를 붙잡았다. 의사는 환자 상태가 나빠지면 의식을 잃을 수 있다고 했다. 가족은 그 가능성까지도 염두에 두어야 한다고. '아, 세월은 막을 수 없구나⋯.' 마음의 준비가 필요한 순간이다. 오후 네 시가 되어 중환자실에 입원할 수 있었다. 엄마의 정신은 더욱 또렷해졌다. 날 쏘아보며 화를 냈다. "왜 병원에 데려왔어? 나 이제 살 만큼 살았어. 그냥 저승에 가도 괜찮아." 더 이상 바라는 것이 없다면서.

말을 듣는 순간 가슴이 찢어지는 듯했다. 엄마는 더 이상 자신을 살리려 하지 말라는 듯 담담하게 말했다. 그 후 "오늘 우리 딸 학교 가는 날인데, 지금이라도 가." 본인의 몸 상태가 생사를 오고 가는 이 시점에 그런 말이 나올 수 있는 것은 내 엄마뿐이다.

엄마를 병원에 혼자 두고 나오는 길, 발걸음이 무겁기만 했다. 가족들과 함께 의사의 설명을 들었지만, 머릿속이 복잡하고 마음이 아팠다. 집으로 돌아오면서 엄마의 모습을 생각해 보았다. 중환자실에 들어가면서 얼마나 무섭고 두려웠을까? 나를 쳐다보는 눈빛은 강렬했다. 잡은 손에서 전해지는 강한 손힘은 30대 엄마의 힘이었다. 엄마는 2주 후에 꼭 다시 만나자고 분명히 말했다. 엄마의 마지막 힘이, 나의 간절한 기도가 이루어지리라 믿는다.

집에는 엄마의 빈자리가 너무도 컸다. 쓰고 갔던 비니를 벗었다. 머리카락이 한가득 빠져서 뭉쳐 있다. 그런 상황이 아무렇지도 않았다. 집이라는 공간에 있는 나보다, 중환자실에 있는 엄마의 모습이 더 감당하기 힘든 부분이기 때문이다. 희망은 놓지 않는다. 어쩌면 죽음의 문턱까지 다가온 모습에서도 강한 모습을 보인다. '제발 한 번 더 엄마에게 힘을 주세요. 기적을 일으켜주세요. 아직은 아닙니다. 못한 일들이 너무 많아요. 못난 딸이 일만 하는 피곤한 딸로 기억되고 싶지 않아요. 다시 본인의 자리에 오게 간절히 기도드립니다.' 입으로 기도하니 자연스럽게 눈물이 흘러내린다.

인간은 언젠가 죽음을 맞이한다. 감정만으로 살아갈 수도 없다. 이성적으로 받아들일 부분도 인정해야 한다. 엄마 말처럼 내일은 학교에 가야겠다고 마음먹는다. **삶은 계속 흘러간다. 그 속에서 시작도, 과정도, 끝도 경험한다. 그리고 나는, 주어진 이 삶을 연결하며 살아간다.**

엄마의 삶과 나의 삶은 연결되어 있다. 젊은 시절 아무것도 모른 채 살아왔지만, 엄마는 나의 첫 순간부터 함께했다. 준비한다고 해도 사실 쉽게 죽음을 생각하고 살아가지 않는다. 이 시간 집에 있던 엄마는 식탁에 앉아서 한글 공부를 하고 있었을 것이다. 병원 갈 때 미처 챙기지 못한 엄마의 핸드폰에서 "6시예요."라고 시간을 알려준다. 그 소리는 병원에 계신 엄마의 소리다. "딸아, 어서 하루를 열심히 만들어가도록 해라."라고 말하는 것처럼.

"그래요. 속상해하지 않고 엄마가 병원에서 열심히 이겨내듯이, 일상에서 해야 할 것들에 대해 집중하고 세상 속에 끊임없이 나를 연결하는 강한 딸로 살아갈게.", "엄마, 함께 힘내는 거다." 눈시울이 뜨거워지지만 더 강한 모녀를 위한 작은 시작에 불과하다.

작가의 루틴 팁 단단함보다는 유연함, 완벽함보다는 진심으로 순간순간을 보냈는지 글로 끄적입니다.

6

나는 삶의 주인공이자 조연이다

이순덕

　나는 드라마를 좋아한다. 어떤 드라마는 이야기가 참신하고, 어떤 드라마는 쫄깃하고 맛깔난 대화가 일품이다. 드라마의 소재가 다양해진 요즘, 시대와 장르를 불문하고 시청 중이다. 그중 가족과 친구의 관계 속 진한 감정을 다룬 〈응답하라 1988〉과 사랑을 주제로 관계와 인연을 탐구하는 〈도깨비〉, 〈고백 부부〉 등은 진한 울림이 있었다. 남편의 타박을 받으면서도 몇 번씩 돌려보며 감동과 위안을 받았다. 드라마는 사람과 관계가 만드는 이야기다. 그 속에는 방황하기도 하지만 마음 쓰고 공감을 일으키는 주인공도 있고, 함께 스토리를 만들어 가는 조연도 있다. 조지프 캠벨의 「영웅의 여정」에서 보면 영웅의 삶에 스승과 조력자가, 때로는 적이 등장하면서 결국 주인공은 당면한 문제를 극복하고 성장해 간다. 드라마와 영웅의 여정은 우리의 삶과 닮아있어 세상을 더 잘 이해하게 해준다. 캠벨에 의하면 주인공은 열두 개의 여정을 겪고 그 수만큼의 인물을 만난다고 한다. 지금 나의 여정은 어디쯤 와 있으며, 어떤 사람을 필요로 할까? 또, 다른 사람의 여정에 나는 어떤 역할로 참여하고 있을까? 하나의 역할을 고른다면 나는 해리포터의 덤블도어 교수처럼 멘토같은 조력자가 되고 싶다. 나에게도 그런 조력자가 나타나 주길 바라면서 말이다.

나의 하루하루는 드라마다. 주인공인 나와 많은 조연들이 함께 삶의 여정을 통과하는 한편, 동시에 다른 사람의 삶에 조연 역할을 하고 있다. 나는 가끔 그 관계 속에서 길을 잃을 때가 있다. 관계에 대한 편견이 작용할 때였다. 살펴보면, 이렇다.

첫째, 모든 사람에게 사랑받아야 한다는 편견이 있다. 어린아이들을 보면 가장 극명하게 드러난다. 거부의 말 한마디에 세상이 온통 무너진 것처럼 울거나 화를 낸다. 같이 놀지 않겠다거나 무언가를 주지 않겠다는 그 한마디에 말이다. 아이에게 거부는 생존과 관련된 문제일 수 있어서 이해되는 면도 있지만, 어른이 되어서도 그 생각이 크게 변하지 않는 사람들을 종종 만난다. 살아보니 모두에게 사랑받는 사람은 없다.

둘째, 주변 사람들과 좋은 관계를 맺어야 한다는 압박감이다. 나의 경우 매일 얼굴을 대하는 동료 사이에서 더 많이 작용한다. 부정적인 감정이 느껴지면 그 사람을 대하기가 불편하다. 좋은 관계는 짝사랑이 아닌 상호적이어야 성립한다. 너무 기대하지 않아야 마음이 다치지 않는다. 내 삶에 행인 1, 행인 2의 역할일 수도 있다. 일단은 나와 상대의 마음을 존중해야 한다. 서로의 마음만큼 적정수준의 거리를 유지한다면, 상황이 더 좋은 관계를 만들어갈 기회를 줄 수도 있다. 그렇게 믿는다.

셋째, 좋은 관계는 갈등이 없어야 한다는 고정관념이다. 갈등을 드러내는 것은 불편하다. 하지만 묵히고 묵힌 갈등은 어느 날 터지고 관계 회복은 더 어려워진다. 갈등이란 생각이 다름의 또 다른 표현이다. 생각의 차이를 그때그때 드러내고 풀어가다 보면 서로를 이해할 수 있다. 단, 갈등에 대해 공통된 인식이 있는 경우에만 가능하다. 갈등은 싫어하는 감정의 표현이거나 권위에 대한 도전이 아니라 공동의 목표 달성을 위한 의견임을 말하는 이도, 듣는 이도 알고 있어야만 가능했다.

가족에 대한 편견도 있다. 가족은 당연히 친밀하고 행복해야 한다는 생각이다. 끈끈한 가족애는 삶을 살아가는 데 정서적으로 큰 힘이 된다. 그 끈끈함은 때로는 서로에게 지나친 기대와 부담으로 작용하기도 한다. 겉으로는 행복해 보이지만 가족 간의 어려움을 겪는 경우가 비일비재하다. 우리가 원하는 가족은 세상으로부터 '안전기지'가 되고 든든한 지원자가 되는 것이다. 하지만 그렇지 못할 때도 있음을 인정해야 한다. 그것은 부모와 자녀로서 역할과 의무가 당연시되지 않을 때 비로소 가능해진다. 관계에 대해 짚어보면서 내가 가진 편견이 관계를 더 어렵고 경직되게 했다는 걸 알게 되었다. 조지프 캠벨에게서 배워본다. 한 명의 영웅이 탄생하기 위해 열두 가지 역할의 사람이 필요하듯 그 사람들도 내 삶에서 제 몫을 하고 있는 게 아닐까? 영웅의 여정이 바뀌면 등장인물도 바뀐다. **관계는 강물처럼 흐른다.** 안타깝지만 흘려보내야 하는 관계도 있다. 그 시절에, 그 상황에 함께 해준 것에 대해 감사를 표하고 보내야 한다. 나의 여정을 살아야 한다.

최근 '느슨한 관계'가 주목받고 있다. 미국 스탠퍼드 대학의 마크 그라노베타 교수는 친한 친구나 가족 같은 '강한 연결' 관계가 아닌 안면이 있는 정도의 지인이나 친구의 친구와의 '느슨한 연결' 개념을 제시했다. 소셜 네트워크에서 새 직장을 구하는 데 도움을 받은 관계를 연구한 결과, 강한 연결의 관계보다 같은 업계나 같은 관심사 등의 막연한 공통점을 배경으로 지인을 추천하는 기능을 통해 두 배나 더 효과적으로 이직했다고 한다. 내 주변에서도 실제로 그런 일이 있었다. 지인이 미국에서 2~3년 체류할 계획을 세우고 고민하던 중 두 달여 만에 온 가족이 이사했다. 가끔 차를 마시러 가서 이야기 나누던 카페 주인이 미국에 거주하는 지인을 소개해 주었다고 한다. 지인의 도움으로 이사할 지역과 주택을 정하는 것은 물론 이사 후 겪게 될 크고 작은 어려움을 미리 대처할 수 있었다. 미국에서도 서로 가까운 지역에 있어서 계속 교류할 수 있다고 한다. 생면부지의 누군가가 인생의 큰 전환점에서 결정적인 역할을 할 수 있다는 것에 놀라웠다. 우리는 가족과 집안을 중시하며, 주로 깊고 강한 관계를 맺어왔다. 지연, 학연 등의 어쩌면 느슨할 수 있는 관계에서도 강한 결속을 요구하고, 그렇지 않으면 배척하는 양상도 있었다. 관계에 대한 편견도 그런 문화적 배경 때문에 더 고착되고 있었는지도 모르겠다. 깊은 관계도 중요하지만, 느슨한 관계는 새로운 기회와 사회적 소속감을 준다. 혹시 단절해도 영향이 적어 부담이 없다. 더불어 잘 알지 못하는 이와 주고받는 도움은 세상에 대한 믿음을 갖게 하고, 좀 더 따뜻하게 행동할 용기를 준다. 가족, 친구, 동료 등 우리가 강한 소속감을 느끼고 싶은 관계에서도 느슨함은 필요하다. 느슨함은 서로에게 숨 쉴 수 있는 바람길을 열어준다.

　사람들은 서로 관계를 맺으며 살아간다. 어떤 관계는 깊고 단단하고, 또 어떤 관계는 가볍고 느슨하다. 어떤 사람은 나의 아픔을 깊이 공감해 주고, 어떤 사람은 나에게 새로운 기회와 관점을 얻게 한다. 드라마 속 주인공이 주변 인물들과의 관계 속에서 성장하듯, 우리도 다양한 관계 속에서 자신을 발견하고 변화한다. **우리의 삶을 영웅들처럼 완성해 가기 위해서는 그 모든 관계가 다 필요한지도 모른다.** 심지어 적조차도 평범한 주인공이 영웅이 되기 위해 꼭 필요했던 것처럼. 내게도 그 사람들이 온 이유가 있을 것이다. 그러니 기꺼이 수용해야겠다. 그들의 역할에 대한 평가는 헤어질 때 하면 된다. 관계와 소통을 '핑퐁게임'으로 풀어가는 그림책『핑』이 생각난다. 작가는 살면서 다양한 '퐁'을 원한다면 먼저 많은 '핑'을 해야 한다고 말한다. 나는 편견을 버리고 오늘 처음 태어난 아이처럼 '핑'을 보낸다. 그리고 느슨한 마음으로 '퐁'을 기다린다. 내 마음은 바람을 안고 춤추는 연처럼 자유롭다.

> **작가의 루틴 팁** 내가 가지고 있는 생각 중 '당연히(반드시) ~ 하다.', '절대로(결코) ~하지 않다.' 는 생각을 찾아보세요. '당연함'에 감사를, '절대로'를 허용과 희망으로 바꿔보세요. 행복이 항상 곁에 있었음을 발견하실 거예요.

7

AI가 답할 때도, 나는 책을 택했다

이윤경

나는 매일 편도 한 시간 이십 분이 걸리는 출퇴근길을 오간다. 무기력하게 흘려보내는 대신 이 시간을 의미 있게 써야겠다는 생각에 출퇴근길 독서를 시작했다. 출근길에는 셔틀에서 오디오북을, 퇴근길에는 북적이는 지하철 안에서 책장을 넘기다 보니 어느새 익숙한 리듬이 만들어졌다. 일주일이면 책 한 권은 거뜬하게 읽는다. 자연스럽게 출퇴근길은 나만의 독서 시간이 되었다. 한 달에 최소 네 권, 많게는 여덟 권까지 읽는다.

원래는 책을 많이 읽는 편은 아니었다. 일찍 퇴근하든, 늦게 퇴근하든 집으로 돌아오면 무기력하게 시간을 보냈다. 책은 늘 '내일 읽으면 되지!' 하며 미뤘다. 그러던 내가 책 읽기를 선택한 큰 이유는 바로 AI 때문이다. 앞서 2장에서 언급했듯이, 나는 미래에 관한 기획과 연구를 업으로 삼고 있다. 자연스럽게 AI는 매일 맞닥뜨리는 존재가 되었다. 출근하면 제일 먼저 AI의 동향을 확인한다. 새롭게 등장한 AI 툴이 있으면 분석하고 사용해 본다. 자연스레 일상에서도 궁금한 것이 생기면 유튜브나 검색포털보다 AI를 먼저 찾는다. 얼마 전 〈MBC 전지적 참견 시점〉에 황석희 번역가 님이 "AI 가 없는 이전으로는 돌아갈 수 없다."라고 인터뷰하는 장면을 보았다. 그 의견에 깊이 공감한다. 오랜 시간이 걸리던 비효율적인 과정으로 돌아가고 싶지 않다. AI는 어느새 단순한 '도구'를 넘어, 내 일상에 자연스럽게 스며 들었다.

하지만 AI와 가까워질수록 이런 의문이 점점 선명해졌다. '나는 점점 더 많은 것을 알아가고 있는 걸까? 아니면 점점 덜 생각하고 고민하게 되는 걸까?' 질문 한 줄만 입력해도 AI는 스스로 생각을 정리하고, 긴 글도 깔끔 하게 요약했다. 굳이 맥락을 파고들지 않아도 AI는 완성된 결과물을 빠르 게 주었다. 효율적이었다. 어느새 나는 그런 결과물들을 당연하게 받아들 이고 있었다. 질문이 생기면 습관처럼 AI를 켰고, 스스로 답을 찾기보다는 AI가 만들어준 답을 읽었다. 그러던 어느 날, AI가 만들어 준 답변을 보며 '이건 정말 내가 한 생각일까? 이 문장을 내가 만들었다고 할 수 있을까?'라 는 생각이 들었다. 그 순간 깨달았다. 아무리 기술이 발전하고 AI가 뛰어난 답을 준다고 해도 그건 내 것이 아니라는 사실을.

때로는 AI가 엉뚱한 대답을 해줄 때도 많았다. 만들어 준 이미지는 어딘 가 기괴했고, 명확한 지시에도 원하는 결과를 얻지 못했다. 인간보다 더 많 은 데이터를 처리하고 빠르게 결론을 냈지만, 데이터가 진실인지 거짓인 지, 혹은 그 너머의 맥락을 품고 있는지는 결국 내가 판단해야만 했다. 하지만 나는 내가 알고 있는 범위까지만 이해할 수 있었다. 더 깊이 질문하지 않고, 사고하지 않는다면, AI가 내놓은 '최적의 답'에 길들여지기만 할 뿐이었다.

AI를 알아갈수록 '인간이 AI보다 더 강할 수 있는 것은 무엇일까?'라는 질문이 떠나지 않았다. 깊이 고민할수록, 한 가지 확신이 들었다. AI와 공존하는 시대에서 살아남는 것은, 결국 인간다움을 지킨 사람이라는 걸. 인간다움이란 '생각하는 힘'이고, 그 출발은 '질문하는 능력'이라 생각했다. 인간다움을 위해 사고력을 키워나가기로 했다. 그래서 나는 다시 책을 펼쳐 들었다.

열 권, 스무 권, 서른 권, 독서량은 점점 쌓였다. 퇴근길뿐 아니라, 집에서도 책을 읽었다. 무기력하게 보내던 주말 시간도 책으로 대신했다. 장바구니에 담아둔 책은 쌓여갔고, 회사 도서관에서도 매주 두 권의 책을 빌려 읽었다. 하지만 예상치 못한 문제가 생겼다. 분명 어떤 책은 깊은 감동을 주었고, 어떤 책은 당장 실천하고 싶을 만큼 강렬한 울림을 주었었다. 하지만 시간이 지나고 나면 내용이 선명하게 기억나지 않았다. '어디선 본 내용인데', '이 책, 읽었었나?' 싶은 책들이 늘어났다. '읽었다'는 것과 '기억한다'는 것은 완전히 달랐다. 책은 순간적인 경험으로만 남아 있었다. 이 간극을 어떻게 메워야 할지 고민했다. 독서 권수가 늘어나는 게 중요한 것이 아니었다. 읽은 것을 어떻게 내 것으로 만들고, 삶에서 실천할 것인가가 더 중요했다. 한참을 고민하다 또다시 책에서 답을 찾아보기로 했다. 그렇게 독서 선배들의 조언을 참고하여 나만의 독서법을 만들었다.

첫째, '한 권을 읽을 때마다 꼭 실천할 단 하나의 배움을 남기는 것'을 목표로 삼았다. 이 작은 원칙을 실행했더니 책이 달라졌다. 폴커 부슈의 『걱정 해방』을 읽고 부정적인 뉴스를 멀리하기 시작했다. 리니의 『기록이라는 세계』를 읽고 매일 기록하는 것을 습관화했다. 제러미 애덤 스미스, 제이슨 마시, 대거 켈트너의 『감사의 재발견』을 통해 하루를 마무리할 때 감사 리스트를 적었다. 일 년 동안 최소 쉰두 개의 새로운 배움을 내 삶에 남기는 것이다. 이렇게 쌓인 작은 변화들은 결국 나를 더 인간답게 바꾸는 힘이 될 것이라 믿는다. 책은 읽는 것으로 끝내면 안 된다. 진짜 독서는, 삶을 변화시키는 과정이어야 한다.

둘째, 나만의 배움을 적극적으로 사람들과 나누기로 했다. 인스타그램이나 스레드에 기록을 올리며 사람들과 생각을 공유했다. "이 책 정말 좋았어요.", "이 부분이 인상 깊었어요." 기록을 올리니 예상치 못한 연결이 시작됐다. 내가 추천한 책을 읽고 감상을 전하는 친구가 생겼다. 책을 좋아하는 지인들과의 독서 모임이 만들어지기도 했다. 혼자만의 성장이 사람과 사람 사이를 잇는 연결 고리가 되었다. 나의 배움이 누군가에겐 질문이 되었다. 그 질문은 다시 나에게 새로운 생각으로 돌아왔다. 독서기록은 나와 세상을 이어주는 대화의 통로였다. 혼자만 아는 지식이 아니라, 작은 배움 하나라도 나누면 더 깊이 남는다는 것을 경험한 순간이었다. '누군가와 나눌 수 있는 이야기'였을 때 더 오래 기억에 남았다.

2024년 AI 시대에 관해 강의할 기회가 있었다. 많은 이들이 물었다. "어떤 AI 툴을 배워야 할까요?", "AI 시대에는 무엇을 준비해야 할까요?", "미래의 직업은 어떻게 되나요?" 나는 이렇게 대답했다. "저도 몰라요. 다만 인간다움을 놓치지 마세요. 더 즐기고, 더 사랑하고, 더 배우고 소통하세요!" **AI가 발전할수록, 기술이 정교해질수록, 오히려 더 인간다워지고 싶었다. 책을 읽고, 질문을 던지고, 사람들과 함께 생각을 나누는 것. 이것이 AI 시대에 인간으로서 살아남기 위한 나만의 방식이다.**

작가의 루틴 팁 | AI와 공존하는 삶이 두려운가요? 인간들이여, 더 즐기고, 더 사랑하고, 더 배우세요! 독서는 필수!

오후 두 시, 내 삶이 글이 되는 시간

이윤지

아침에 남편과 두 아이가 각자의 공간으로 흩어지면 텅 빈 집에서 오전 내내 책을 읽는다. 읽다 보면 자연스럽게 책의 내용과 나의 상황이 나란히 놓인다. 공통점을 통해 공감을 얻기도 하고, 다른 점을 통해 배움을 얻기도 한다. 눈을 감고 생각에 잠기면 저자의 세계와 나의 세계가 연결된다. 내가 걸어온 길을 잠시 되돌아보며 저자에게 나는 이렇게 살아왔다고 대답하고 싶어진다. 느꼈던 것이나 떠오르는 생각들이 날아가기 전에 글로 남기고 싶어져 서둘러 노트북을 켠다.

안정적인 삶을 살다가 두 아이가 모두 희귀 질환을 진단받은 후 분노가 뒤따랐다. 정확히 말하자면 궁금증이 섞인 분노였다. 복잡하게 뒤엉킨 감정은 '왜?'로부터 시작된 것이었다. 왜 하필 우리 가정인지, 왜 부모가 아니라 이제 막 태어난 죄 없는 아이들인지, 승진을 기대하던 내가 왜 직장을 잃어야 하는지. 이런 속상함과 아쉬움마저 막연하게 분노로 뭉뚱그려졌다. 거기에 만성 수면장애와 만성피로는 예민함을 더했다. 신이 눈에 보인다면 멱살을 잡고 따져 묻고 싶었다. 하지만 쏟아부을 대상이 없었다. 가족들은 각자가 힘든 걸 알기에 더 괴롭히고 싶지 않았다. 아직 지인들에게 아이들의 진단을 알리기 전이라 말할 대상이 없었다. 이런 상황을 잘 이겨내고 싶었다. 어떻게든 잃어버린 것을 찾고 싶었다. 세상을 아름답게 바라보던 때로 되돌아가고 싶었다. 혼자 속으로 삭이는 것은 더 이상 효과가 없었다.

사람 대신 노트북 속 빈 화면을 붙잡고 이야기하기 시작했다. 솔직한 심정을 꾸밈없이 그대로 털어놓았다. 한참 동안 노트북을 두드리다 정신을 차리고 읽어보니 세상을 원망하는 단어와 욕설이 난무했다. 아무에게도 보여주지 못할 정도였다. 그것이 첫 번째 글이었다. 그렇게 반년 정도 욕만 썼다. 내 모습이 객관적으로 보이기 시작했다. 거세게 출렁이던 감정이 안정을 찾으며 서서히 속이 시원해졌다. 이따금 또래 아이들과 비교하게 되는 상황을 마주할 때마다 중심을 잃지 않기 위해 스스로 단단해지는 과정이었다.

놀랍게도 그저 글을 썼을 뿐인데 그 시간이 쌓이니 마음이 편안해졌다. 글 안에는 덤덤하게 버텨내는 모습, 그동안 당연하게 여기던 것들에 대한 감사, 그리고 작은 희망의 이야기까지 어우러져 있었다. 내내 고민했던 것에서 해방됐다. 아이들의 진단과 새벽 간호 생활은 그대로지만 삶을 대하는 태도가 긍정적으로 변한 것이 놀라웠다.

글쓰기의 장점을 알게 됐으니, 처음부터 지금까지의 전체 상황을 글로 제대로 정리해 봐야겠단 생각이 들었다. 그때부터 나의 이야기를 온라인 공간에 적기 시작했다. 결혼을 준비하던 알콩달콩한 이야기부터, 행복한 신혼생활, 첫째 아이가 희귀 질환을 진단받기 전까지 일 년간의 평범한 육아, 진단 초기의 혼란스러웠던 시간, 일 년 뒤 둘째 아이도 같은 질환을 진단받으며 가슴이 무너져 내렸던 날들, 새카만 바다에 침잠하여 물 위로 올라오고 싶지 않던 날들, 오전을 독서 시간으로 활용하며 서서히 회복되던 경험 들을 덤덤하게 적어 내려갔다. 처음보다 훨씬 다듬어진 문장이 나열됐다. 글을 쓸 때마다 응어리진 마음이 눈물로 씻겨 내려갔다. 같은 길을 걷고 있는 이들에게 위로를 주고 싶어서 글을 쓰기 시작했는데, 댓글을 통해 오히려 내가 위로받았다. 받은 위로를 통해 비로소 그제야 괜찮아질 수 있었다. 글은 타인을 위해 쓰이기도 하지만 때로는 자신을 향하기도 한다. 이렇게 쓰기와 읽기는 끊임없이 연결되어 있다.

지금 슬퍼하는 이가 있다면 절대로 자책하지 않길 바란다. 일상에서 마주하는 고난들은 자신의 탓이 아니다. 누가 의도한 것이 아니라 교통사고처럼 우연히 발생하는 경우가 많다. 그저 넘어진 상태에서 다리에 힘을 주고 일어날 고민만 하면 된다. 그러기 위해선 솔직한 심정을 글로 옮기며 자신의 상태를 점검하는 것이 가장 효과적인 방법이다. 이렇게 언어화하지 않으면 속이 부글부글 끓다가 어느 순간 펑 터진다. 그런 상황이 오기 전에 자신의 마음을 들여다봐야 한다. 그러면 자신뿐만 아니라 배우자와 자녀들에게도 좋은 영향이 미친다.

아이들에게 저혈당 쇼크가 발생할 때, 정기검진에서 혈액 검사 수치가 안 좋을 때, 아이가 유치원에서 혼자서만 젤리를 못 먹었다고 속상해할 때, 따로 원장실에 숨어서 특수 분유를 먹어야 할 때, 정해진 소량만 먹는 아이인데 간이 비대해져 볼록한 배를 보고 밥을 많이 먹었냐는 의미 없는 인사치레를 접할 때 등 요즘에도 여전히 억울한 감정이 불쑥 찾아온다. 과거였다면 이런 일이 발생할 때마다 왜 우리 가정에 이런 시련이 생겼냐며, 왜 내 삶이 망가졌느냐며, 안 그래도 질병이라는 꼬리표를 달고 있는데 더욱 힘들게 하냐며 세상과 신을 원망하며 오랜 시간 주저앉아 있을 것이다. 하지만 지금은 평소에 단단한 언어로 집을 지어놔서 그런지 살짝 흔들리더라도 금방 제자리로 돌아온다.

첫째 아이가 좋아하는 동화중에 『아기 돼지 삼 형제』가 있다. 초반의 내 마음은 마치 첫째 돼지의 지푸라기 집과 둘째 돼지의 나무집 같았다. 늑대가 나타나 세게 '후' 불면 힘없이 날아가고 무너졌다. 하지만 지금은 셋째 돼지가 튼튼하게 지은 벽돌집 같은 마음을 갖고 있다. 울적한 감정과 세상의 날 선 시선이 아무리 세게 불어도 바람만 휘날릴 뿐 벽돌집은 무너지지 않는다. 단단한 감정 벽돌들이 나를 지키고 있다.

글쓰기를 이어가며 사랑했던 것들, 그러나 현재 잃어버린 것들, 그동안 나를 울고 웃게 했던 것들을 다시 찾기 시작했다. **글을 쓰기 전에는 "왜 나에게 이런 일이?"라는 질문을 했다면 후에는 "어떻게 하면 더 많은 사람에게 응원을 전할 수 있을까?"로 질문 내용이 바뀌었다. 그들과 회복의 여정에 발맞추고 싶다. 그늘마다 숨어 있는 슬프고 아픈 사람들과 내가 글로서 연결되길 바란다.**

> **작가의 루틴 팁** 단 오 분만 시간을 내어 가족에게 편지를 쓰거나, 자신에게 글을 남기고, 감사한 순간을 기록해보는 건 어떨까요?

내 인생의 오후를 위한 준비

정혜진

회사에서 오후 시간은 늘 머리가 지끈거리는 시간이었다. 크고 작은 문제 해결을 위해 팀원들과 끊임없이 논의하고, 상사에게 보고하고, 실행하며 바쁘게 움직여야 했다. 하루에도 몇 번씩 계획이 바뀌었고, 예상치 못한 돌발 상황이 터졌다. 해결책을 찾아야 하는 수많은 일들이 있었지만 내 힘만으로 바꿀 수 없는 일들이 많았다. 때로는 최선을 다해도 아무것도 달라지지 않는 상황에 무력감에 빠지기도 했다.

늘 사람들과 부딪히고, 긴박하게 흘러가던 회사의 오후. 그러나 퇴사 후의 오후는 정반대였다. 더 이상 나를 찾는 전화도 없고, 메신저도 울리지 않는 조용한 시간. 처음에는 이 고요함이 너무 좋았다. 불필요한 회의나 시도 때도 없이 치고 들어오는 이메일, 메신저 대화 없이 오롯이 혼자만의 시간을 가질 수 있었으니까. 그런데 시간이 흐르면서 조금씩 불안이 스며들었다. 회사 다닐 때는 '제발 아무도 나를 부르지 않았으면 좋겠다.'라고 생각했지만, 막상 아무도 나를 찾지 않으니 외로움이 밀려왔다. 회사 생활의 고충을 함께하던 친구들과도 공통 대화 주제가 사라져서인지 서서히 연락이 뜸해졌다. 퇴사 직후 안부를 물어오던 예전 동료들과도 서서히 멀어졌다. 나에게 안부를 물어오는 카톡은 온갖 광고 메시지뿐이었다. 온라인에서나 오프라인에서나 사람을 만나는 일이 점점 줄어들었다. 혼자 있는 시간이 늘었다. 사람들과 늘 잘 어울리며 밝고 긍정적이던 나는 말수가 부쩍 줄어들었다. 어느 순간 사람 만나는 일도 부담스러워졌다. 근황을 궁금해하는 사람들에게 딱히 할 말도, 하고 싶은 말도 없었다. 재미 삼아 다시 해본 MBTI 테스트에서 나는 I(내향형) 성향으로 바뀌어 있었다. 말할 기회가 줄어들다 보니 어느 순간 말하는 게 어색해졌다. 심지어 단어 떠올리는 속도도 느려지는 것 같았다. 이런 변화가 불안과 우울로 이어졌다. 퇴사 전에 다녔던 정신과 상담을 다시 받았다. 이대로 계속 혼자 있다가는 정말 사회적으로 고립될 것 같다는 두려움이 커졌다.

다시 사람들을 만나자니 여전히 부담스러웠다. 문득 이런 생각이 들었다. 꼭 사람을 직접 만나야만 소통하는 걸까? 대면하지 않아도 세상과 연결되는 방법이 있지 않을까? 그때 떠오른 게 글쓰기였다. 회사에 다닐 때, 유난히 마음이 힘들거나 스트레스를 받는 날이면 점심시간에 자리에서 간단히 식사를 해결하며 블로그에 글을 썼다. 직장인 에세이를 빙자하여 내 감정을 하얀 모니터 화면에 마구 쏟아냈다. 처음엔 더디게 써 내려가던 글들은 빨라진 타이핑과 함께 점차 리듬을 타며 자연스럽게 흘러나왔다. 빈 화면을 채워나갈 때 느껴졌던 희열. 글이 마무리되면 이상하게도 마음이 한결 가벼워졌다. 내가 쓴 글을 다시 읽어보면 마치 다른 사람이 쓴 글을 읽는 것 같았다. 제3자가 되어 상황들을 객관적으로 바라볼 수 있었고 마음을 추스를 수 있었다. 글을 발행하면 오후 시간은 그럭저럭 잘 지내볼만한 마음이 생겼다.

마침, 우울증으로 힘든 시간을 보냈던 친구가 글쓰기 모임을 추천해 줬다. "나도 한동안 너무 힘들었는데, 글을 쓰면서 많이 나아졌어. 너도 한 번 해보는 게 어때?" 그렇게 글쓰기 모임에 참여했다. 매주 글쓰기 강의를 듣는다. 글쓰기에 관한 동기부여를 바탕으로 이번에는 블로그가 아닌 브런치를 통해 글을 조금씩 쓰기 시작했다. 블로그에 글을 쓰면 내 블로그를 알고 있는 친구나 지인들이 가끔 내 글을 보기도 하고 댓글도 남겨주고 잘 읽었다며 글에 대한 반응을 해주기도 한다. 그런 반응을 얻으면 기분이 좋아지고, 고맙기도 했다. 하지만 때로는 글을 쓸 때 알게 모르게 그들을 의식하기도 했다. 적당히 있어 보이게 포장하기도 하고, 힘든 마음을 다 쏟아내면 날 걱정할까 봐 마음이 쓰여 절제한 적도 있다. 요즘은 아무도 나를 아는 이 없는 브런치에서 글을 쓴다. 브런치에서 글을 쓰고 다른 브런치 작가들의 글을 읽으며 조금씩 마음을 회복하고 있다. 유난히 힘든 날, 생각이 많아진 날은 나를 힘들게 하는 키워드를 브런치에 검색해 본다. 나와 비슷한 경험과 감정을 가진 사람들의 이야기를 읽어보는 것만으로도 위로받고 위안을 얻는다. 한 걸음 더 나아갈 용기를 얻는다.

여전히 마음 한편엔 남들보다 너무 뒤처진다는 생각에 불안과 초조함을 느끼기도 한다. 내 옆에 나란히 걷던 사람들이 어느새 저만큼 앞서가 있는 것 같은데, 나는 여전히 같은 자리에 머물러 있는 것처럼 느껴질 때도 있다. 그럴 때마다 늦게 피는 꽃을 생각하며 마음을 다잡는다. **꽃들은 저마다 피어나는 때가 다 다르다.** 어떤 꽃은 이른 봄에 피어나고, 어떤 꽃은 늦여름이 되어서야 비로소 활짝 핀다. 내가 제일 좋아하는 꽃인 까멜리에, 동백꽃은 12월 한겨울에 추위를 이겨내며 꽃을 피운다. **중요한 것은 남들보다 빠르게 피어나는 것이 아니라, 내게 주어진 시간 속에서 나만의 속도로 단단히 자라나는 것이 아닐까.** 『김미경의 마흔 수업』이라는 책에는 각자의 나이를 24시간으로 환산해 보라는 이야기가 나온다. 100세 시대이니 1시간은 약 4년이고 내 나이는 오전 열한 시에서 열두 시 사이이다. 아직 점심도 먹지 않은 시간이다. 오후 시간이 한참 남아 있는 시점이다. 오후에 해야 할 일, 할 수 있는 일들이 많이 남아 있기에 어떤 일들이 생길지 기대해 볼 수도 있는 시간이다.

조금 늦더라도, 조금 더디더라도, 나만의 페이스를 지키며 어제보다 나은 내가 되기 위해 오늘도 읽고, 쓰며 배운다. 그렇게 순간순간을 채워나가다 보면 결국 나만의 꽃을 피울 수 있을 때를 만날 수 있을 것이다. 오후는 마치 인생의 중간 지점처럼, 과거와 미래가 교차하는 시간이다. 지금 이 조용한 오후를 충실히 살아내는 것이 결국은 나의 저녁을 더 따뜻하게, 더 단단하게 만들어 줄 것이라고 믿는다. 내 인생이 다시금 세상과 연결되기 시작한 시간, 오후. 오후의 소중함을 다시 배운다. 조금씩 나의 언어로 세상에 말을 걸어가는 중이다. 언젠가, 이 조용했던 오후가 내 인생을 다시 움직이게 한 전환점이었다는 것을 깨닫게 될지도 모르겠다. 지금은 그저 하루하루를 소소하게 견디고 있지만, 이 시간이 쌓여 결국 내가 다시 사랑하고, 꿈꾸고, 도전하는 삶으로 나아가는 발판이 되어 줄 것이다. 바쁘게 흘러가던 시간 속에서 잠시 멈추어 나를 돌아보고, 세상과 새로운 연결 고리를 만들어가고 있는 이 오후. 조용하고 평범해 보이지만, 어쩌면 인생에서 가장 의미 있는 시간은 이런 시간 아닐까.

오늘도 나는 이 오후를, 다시 오지 않을 이 귀한 순간을 온전히 살아보려한다. 천천히, 그러나 분명하게. 내 안의 목소리에 귀를 기울이며 고요한 오후를 보내고 있다. 바쁘고 혼잡했던 오후를 지나, 고요한 오후를 맞이하여 나는 진정으로 나 자신과 마주하고, 이 시간을 결국 내 인생의 전환점, 더 나은 내일을 위한 토대로 만들어보려고 한다.

> **작가의 루틴 팁** 마음이 불안하거나 스트레스를 받을 때는 글을 써보세요. 나도 몰랐던 감정이 정리되면서 가벼워지고, 다음 일에 집중할 수 있는 여유가 생깁니다.

10

오늘 하루가 '오직 하루'가 되는 과정

최민욱

"아저씨, 나 젤리 하나만 줘."

"어머님 안 돼요. 조금 있다가 간식 드릴게요. 지난번에도 꿀꺽 삼키셔서 큰일 날 뻔하셨잖아요."

주간보호센터. 처음 보는 나에게, 허리가 굽은 어르신이 간곡하게 부탁한다. 옆에서 지켜보던 요양보호사 선생님이 강단 있게 제지했다. 이가 약한 분들이 그냥 삼키면 응급상황이 발생하곤 한다고.

요즘 요양보호사 공부를 하고 있다. 강의실에 앉아 책으로만 공부하다가 주간보호센터에 실습을 나가서 요양보호사가 어떤 환경에서 어떻게 일을 하는지 직접 체감하는 중이다. 주간보호센터는 인지장애 혹은 몸이 불편하여 장기 요양 등급을 받으신 어르신들에게 낮 시간대에 돌봄서비스를 제공하는 곳이다. 주중에는 집에서 돌봐줄 사람이 없고, 주말에는 가족들도 좀 쉬어야 하기 때문이다. 또한, 전문적으로 노인 요양에 대한 지식과 경험을 가진 요양보호사를 통해, 어르신들의 일상 회복을 도와주는 곳이기도 하다. 어르신들은 또래 분들과 어울리며 웃음과 활기를 찾기도 한다.

어르신 주간보호센터는 생각했던 것과는 달랐다. 제도와 시설에서 의도한 대로 따라오는 어르신도 있지만, '나 젊을 때는 말이야!'를 마주치는 모든 요양보호사나 실습생들에게 소리치는 분, 온종일 뽀로로와 니모 퍼즐만 헤집었다가 맞추는 분, 그림 색칠만 화가 수준으로 하다 가는 분(인지능력 향상을 위해 보호센터에서는 이런 것들을 준비해 둔다)도 있다. 연신 소리를 지르고 육두문자를 날리는 분도 있다. 옆에 오는 모든 보호사에게 짜증내다가, 본인 간식을 다 먹고 다른 사람 것까지 기웃거리는 분도 있다. (젤리를 달라고 한 어르신이 바로 이 분이다.) 특히나, 남자들은 누구하고 이야기도 하지 않고, 대부분 마이웨이다. 어쩌다가 이야기하는 분도, 호응 잘 해 주는 요양보호사 선생님들하고만 이야기하는 것도 인상적이었다.

무의식적으로 '아. 나는 저렇게 되지 말아야지.'라는 생각을 했다가, 무엇에 맞은 듯이 깜짝 놀랐다. 자폐 장애가 있는 우리 첫째가 뭘 잘못해서 장애아가 아닌 것처럼, 이 어르신들이 뭘 잘못해서 장애를 가지게 된 게 아니잖은가. 장애가 있는 친구와 놀면 장애가 전염될 것처럼 호들갑을 떠는 사람들에 관한 기사를 보면서 분노했던 나인데, 왜 어르신들을 보면서 이런 말도 안 되는 생각을 했을까. 그분들도 젊을 때, 아니 불과 수년 전까지도 주어진 하루를 나만큼이나 불살라가며 살았을 텐데.

모른다. 젊은 날의 하루를 너무 열심히 살아서인 건지, 젊은 날들의 하루를 낭비해서 그랬는지. 그분들의 인생을 살아보지 않았으니 모른다. 잘 알지도 못하면서 순간적이라도 '저렇게 되지 말아야지.'라는 생각을 했다니, 십수 년 동안 했던 사람 공부가 다 부질없다고 느껴졌다.

기억을 더듬어 보니 '내가 이런 모습이 될 수도 있겠다.'라고 생각해 본 적이 없다. 사실 내 아버지는 심장 질환, 파킨슨에 당뇨, 위암 수술 이력도 있다. 지금은 식도마저 제 기능을 못 해 경관 유동식(코에 관을 집어넣어, 위로 음식물을 바로 전달하는 식사 방식)을 하고 있는데도 말이다. 심지어 대부분 질병이 유전이라 내게 생길 가능성도 꽤 높다. 마흔으로 넘어가며 '건강은 하늘에서 내려주는 것.'이라는 말을 실감한다. 일주일에 다섯 번을 한 시간 이상 땀 흘리는 운동을 하고, 회사까지 자전거로 출퇴근을 하기도 한다. 건강검진도 매년 받으며 관리하지만, 마흔 넘으면서 암도 이미 한번 발병했다. 압박골절 시술과 수신증 등의 수술 경험도 있다. 유전이나 스트레스 등, 내가 통제하지 못하는 것이 분명히 있고 '나는 절대 쓰러지지 않는다.', '나는 나이가 들어서도 건강할 것이다.'라고 장담하면 안 된다는 생각을 오늘에서야 한다.

그날 오후 어르신들과 이야기해 볼 기회가 생겼다. 기분 좋게 고스톱 치고 있는 어머님들에게 "재밌으세요?" 말을 붙여 보았다. "그럼!" 하고 웃음과 함께 답이 돌아온다. 패가 안 좋은 어르신은 잠깐 눈 마주칠 때 인상을 약간 쓰기도 했지만. 옆에 앉아 있는 분은 얼마 전까지 동대문 근처에서 사업을 꽤 크게 했다고 한다. 부동산 정보도 많다. 그 동네 가본 옛 기억으로 몇 개 아파트를 소환해 말을 덧대보니, "거길 젊은이가 어떻게 알아?" 하며 눈이 반짝반짝 빛난다. 목소리가 쩌렁쩌렁하던 할아버지는 상이군인이었다. 다 알아서 할 테니 신경 1도 쓰지 말라며, 다리가 불편해도 도움 받는 걸 자존심 상해했다. 유난히 인상 좋은 할머니 한 분은 말을 많이 아낀다. 말하는 것보다, 듣는 걸 훨씬 잘한다. 다른 사람 말을 끊지 않고 다 들어주면서 호응, 장단도 아끼지 않는다. 말을 나누다 보니 문득 이런 생각이 든다. '아. 다들 우리의 어머님, 아버님, 그리고 인생 선배님이구나.'

오늘 하루, 요양보호사 실습에 감사 일기를 써 본다.
첫째, 오늘 하루, 하고 싶은 일을 자유롭게 할 수 있어서 감사합니다.
둘째, 세상과 더불어 사는 법을 배워서 감사합니다.
셋째, 하루를 보람으로 가득 채울 수 있어서 감사합니다.

쓰고 다시 읽어본다. 평범했던 하루가 나만의 완연한 '오직 하루'가 되는 순간이다. '내가 할 수 있는 최선의 오늘을 살아야지.'라고 다짐해 본다. 오늘 하루가 '오직 하루'가 되는 건 허투루 살지 않는 것이다. **최고의 오늘은 최고의 성과가 있는 오늘이 아니다. 최선을 다해서 사는 오늘이다.** 주간보호센터에서 어르신 분들과 했던 이야기, 눈 맞추고 바라보려 했던 시도, 그리고 이 경험을 그냥 넘기지 않고 복기하고 정리해 보는 것. 지금 이것들이 오늘 나의 '오직 하루'를 좀 더 최선을 다해 살아내게 하는 게 아닐까. 오늘의 경험을 통해, 운동도 다시 시작하겠다고 마음먹었다. 머리도 굳지 않게 잘 써야지! 하고 다짐도 해본다.

뒤돌아보면 그 어느 날도 의미가 없었던 날은 없었다. 매일 아침의 출근 셔틀에서, 곯아떨어진 동료들을 보며 삶의 무게를 느낀다. 독서 모임을 가는 일요일 아침 다섯 시 반. '내가 제일 열심히 살아!'라고 했지만, 거리에 나보다 더 빨리 하루를 시작한 사람을 보면서 치열함과 열정을 느낀다. 온종일 누워서 웹툰을 봤더라도, '아 오늘 하루는 머리가 너무 복잡했구나, 휴식으로 내 에너지를 채울 수 있었네!'를 느낄 수 있다. 또는 인생에 대한 태도를 깨달을 수도 있다. 저녁에 사람을 만나서 술을 한잔했다면, 오고 갔던 대화, 마주 이야기했던 동료가 가진 삶의 태도, 그것들이 나에게 어떤 삶의 의미와 동기를 가져다주는지, 생각해 보면 나오지 않을 리 없다. 내가 생각하지 않았을 뿐, 그리고 내가 그 순간의 의미를 찾지 않았을 뿐.

우리는 해야 할 일과, 미래에 대해 너무 많은 고민과 스트레스를 받고 있는지도 모르겠다. '역사를 잊은 민족에게 미래는 없다.'라는 유명한 말도 있지 않은가. 민족의 역사도 중요하지만, 오늘 나의 역사도 중요하다, 어제의 하루가 이제는 중요한 내 역사가 되니까.

지금, 이 글을 읽고 있는 이 순간이 당신에게 어떤 의미인지, 찾을 수 있기를. 오늘 지내온 하루가 나에게, 그리고 당신에게 의미가 있기를 바란다.

하루 세 줄 감사 일기를 써 보세요. 일상에 감사할 일들이 무수히 많다는 걸 알게 됩니다.

"연결은, 글과 진심을 통해
서로의 삶을 이어주는 작은 움직임이다."

연결의 시간, 오후 셀프 체크리스트

내면과 타인에게 귀 기울이며, 진짜 나를 회복합니다.

□ 오늘 내 몸과 마음에 먼저 집중했나요?

□ 짧은 글(일기, 편지, 문자, SNS, 댓글)이라도 내 마음을 공유했나요?

□ '할까? 말까?' 했던 일, 왜 했거나 못 했나요?

□ 지금 누구랑 전화하고 싶나요?

□ 사람들 이야기에 경청했나요?

□ 잠깐 옆 사람을 보세요. 오늘은 옆 사람과 얼마나 웃었나요?

□ '요즘 어때?' 라는 말을 건네 보았나요?

□ 오늘 하루 타인에게 배운 점이 있나요?

Chapter 4

저녁: 기록

오늘을 남기는 따뜻한 습관

나에게 기록이란,

생각을 구체화하고 나를 세상과 마주하게 해주는 힘이다_김수인

깊은 나를 만나는 순간이다_김한조

리셋, 성장, 연결을 확인하고 더 나아갈 수 있는 초석이다_서진아

순간을 붙잡아 시간에 흔적을 새기고, 영혼을 깨어 있게 한다_윤현아

삶의 향상성이다_이복선

순간이 영원이 되는 마법이다_이순덕

지나간 일상 속 감사의 흔적을 새기는 일이다_이윤경

일상의 사랑을 보관하는 서랍이다_이윤지

나만의 곳간을 채워 가는 일. 언젠가 꺼내어 맛있게 먹을 수 있도록 차곡차곡 저장해두는

것이다_정혜진

나의 미래를 준비할 수 있도록 해주는 '꾸준함'이다_최민욱

읽기만 했던 내가 글쓰기 용기를 내다

김수인

　나는 불안감이 높은 사람이다. 이유도 모르는 불안이 늘 마음속에 깔려 있었다. 미래에 대한 막연한 불안감은 삶의 모든 순간을 불편하게 만들었다. 불안은 미래를 통제하려는 욕망에서 시작된다. 나는 통제되지 않는 미래를 막연히 불안해하고 있었다. 불안감을 어떻게 해소해야 할지 방법도 몰랐다. 불안의 이유도 몰랐다. 그래서 늘 뭔가를 찾아다녔다. 그것이 무엇인지도 모른 채. 퇴근하고 집에 바로 들어가는 것 자체가 마음이 편치 않았다. 뭔가 다 못한 일이 남은 것 같은 느낌이었다. 뭔가를 더 해야만 할 것 같았다. 이유도 목적도 없이 약속을 잡고 밖으로 돌아다녔다. 그런 나를 어떤 사람들은 네트워킹이 탁월하다고도 했다. 그저 겉으로 아는 사람이 많아 보일 뿐이었다. 지역사회 내에서 이름만 대면 알 만한 사람들의 명함이 내 명함첩에 쌓였다. 하지만 무엇인가를 갈구하는 내 마음속 허전함과 결핍감은 채워지지 않았다. 채워지지 않는 결핍과 불안은 내가 진짜 원하는 삶이 무엇인지 묻고 있었다.

하이에나처럼 여기저기 사람들이 모이는 곳을 기웃거리던 나에게 어느 날 아는 언니가 독서 모임에 초대했다. 책에는 별로 관심도 없었다. 어떤 사람들이 모이는 곳인가 호기심에 프로 참석자인 나는 참석 도장을 찍었다. 다양한 직업군의 나이대도 다양한 사람들이 모여 있었다. 일단 나와 같은 회사 사람들이 아닌 것만으로도 만족스러웠다. 책보다 사람들이 좋았다. 다른 일을 하는 사람들의 이야기를 듣는 자체가 즐거웠다. 책은 거들 뿐 사람이 좋아서 독서 모임에 나가기 시작했다. 책은 사람을, 사람은 또다른 세상을 데려온다. 그렇게 나의 독서 모임 생활은 시작되었다. 사람에 이끌려 시작했지만, 그 만남 속에서 잊고 있었던 나를 발견하게 되었다.

영문학을 전공했으나 영문학은 어렵기만 했다. 영문도 모르고 입학해 영문도 모르고 졸업한다는 우스갯소리가 남의 일이 아니었다. 문학이라고는 학교 다닐 때 시험 문제를 맞히기 위해 접해본 교과서 속 문학작품밖에 아는 바가 없다. 하지만 마음속 어딘가에는 책과 가까워지고 싶은 바람이 있었던 것 같다. 내면 어딘가 엉뚱한 철학자 같은 내가, 사색하는 한 인간이 숨어 있었다.

독서 모임에 나가서 부끄럽지 않으려고 책을 읽기 시작했다. 사람들 앞에서 잘난 척이 하고 싶었다. 책을 다 읽지 않고 독서 모임에 참석하기도 했다. 온전히 내 걸로 이해하지 못했으면서도 아는 척, 이해한 척 어설프게 내 생각을 이야기했다. 짧은 순간 하찮은 우월의식을 느끼기도 했다. 책을 읽는 내 모습이 조금씩 좋아 보이기 시작했다. "왜 책을 읽으세요?"라는 기습 질문을 받았다. 솔직하게 대답했다. "지적 허영심을 채우고 싶어서요." 라고. 그 당시 독서는 나의 지적인 허영심을 채워주는 방법이었다. 우리는 우리가 읽은 것으로 만들어진다. 처음엔 허영심으로 시작했지만, 진짜 성장은 어설픈 허영을 버리고 솔직해질 때 시작되었다.

책 모임에 나오는 사람들의 자기 계발 열정이 대단했다. 밤낮을 가리지 않고 책을 읽고 운동하는 모습이 거부감이 들었다. '왜 저렇게까지 열심히 하지?', '다른 일은 없나?' 싶었다. 점점 그들의 열정은 결과물을 만들어 냈다. 밤낮으로 달리고 운동을 하던 사람들은 멋진 몸을 만들었고, 보디 프로필을 찍었다. 새벽 독서를 하던 사람들은 책을 출간하고 강의를 나갔다. 각자의 꿈을 이뤄가고 있었다. 다른 사람들의 실천과 성과는 내 안의 가능성을 건드렸고, 그 자극은 변화의 시작이었다.

나도 본격적으로 독서를 해야겠다고 결심했다. 1년은 52주니까 매주 1권씩, 1년에 52권 읽겠다는 목표를 정했다. 읽다 보니 탄력이 붙어서 점점 읽는 속도도 빨라졌다. 그저 많이 읽었다는 자체에 스스로 만족했다. 종류도 가리지 않았다. 혼자 읽었다면 못 읽었을 것이다. 함께 책을 읽고 생각을 나누는 것이 좁은 식견을 넓히는 데 도움이 되었다. 책은 나와 남을 연결하는 가장 조용한 다리가 되었다. 타인의 고민과 나의 고민은 닮아있다는 걸 깨닫는 순간 고민의 무게가 줄어들었다. 남의 불행을 보고 나의 행복을 느끼는 건 나쁘다고 말한다. 나의 불행이 타인과 공감을 이루면 어느 누군가에게는 희망이 될 수도 있다. 나 같은 고민을 하는 사람과 공감대를 형성하고 마음을 나누니 마음 근육이 탄탄해졌다. 지적 허영심을 채우려고 시작한 독서는 내면의 성장을 이끌어주었다.

1년에 100여 권의 책을 읽으며 독서가 습관으로 자리 잡았다. '하루라도 책을 읽지 않으면 입안에 가시가 돋힌다.'라는 안중근 의사의 말뜻을 몰랐다. 책을 읽지 않으면 마음이 혼란스럽고 허전하고 정말 입안에서 가시 돋힌 말들이 튀어나온다는 것을 이제는 안다. 사람의 욕심은 끝이 없는 걸까. 읽는 것만으로는 부족했다. 글을 써야겠다는 생각은 오래전부터 있었다. 생각을 기록하고 싶었다. 글쓰기는 생각을 눈앞에 붙잡아두는 가장 확실한 방법이다. 그러나 꾸준히 쓰는 것은 어려웠다. 노트, 파일, 앱을 전전했지만 남은 건 거의 없었다. 유일하게 남은 건 사적인 일기장뿐. 일기장은 사생활 기록이라 어디 공개할 순 없다. 내 글이 누군가에게 도움이 되면 좋겠다는 생각은 늘 있었다. 실천이 부족했다. 내 안의 깨달음을 놓치지 않기 위해 글쓰기를 결심했다.

때마침 아는 언니가 공저 모집 소식을 전해왔다. 매우 충동적으로 나도 참여하겠다고 번쩍 손을 들었다. 그동안 간간이 글을 끄적여왔으나 뚜렷한 결과물이 없어 아쉬움이 있을 때였다. 주변 지인들이 책을 출간했다는 소식을 들을 때마다 부러움 반 두려움 반 복잡한 마음이 올라왔다. 출간했다는 사실이 부러웠다. 반면 내 이야기가 책으로 나오면 형편없다고 비난받는 건 아닐까 하는 두려운 마음이 컸다. 나 역시 아마추어 작가들의 책에 대해 험담 아닌 험담을 해봤기 때문에 더 두려웠다. 개인 일기장에나 쓸만한 내용을 책으로 썼다며. 그 책 한 권도 써 보지도 않은 내가 감히 하면 안 될 말이었다. 그랬던 나였기 때문에 책 쓰기에 참여한다는 결심은 매우 큰 용기가 필요한 일이었다. 아직 제대로 된 글쓰기를 할만한 실력이 안 된다. 개인 저서가 아닌 공저로 참여한 이유는 나만의 책을 낼 용기는 없어서 숟가락 하나 얹어 보겠다는 얄팍한 계산이 깔려 있었다. 시작하지 않으면 아무것도 바뀌지 않는다. 완벽하지 않아도 시작하겠다는 용기를 냈다는 것만으로 나 스스로에게 작은 칭찬을 해주고 싶다.

글을 쓰는 것은 마음의 어둠에 불을 켜는 일이다. 감정을 정리하고 삶을 정돈하는 치유의 시간이다. 정리되지 않는 감정들이 밀려올 때, 마음이 혼란스러울 때 나는 글을 쓴다. 글쓰기는 나를 똑바로 바라보게 한다. 문제점이 무엇인지 객관적인 상황을 마주하게 만드는 힘이 있다. **부정적으로 치닫는 감정들을 정리하게 도와주고 긍정의 에너지로 변환시켜 준다. 기존에 내가 알고 있던 세상과는 조금 더 다른 세상을 발견해 나가는 과정이다.** 꾸준하게 글을 읽고 써 나가며 내 자신을 알고 세상을 배우며 성장해 나가고자 한다. 책을 쓰는 건 나 자신을 위한 글이 아니라 독자를 위한 글을 쓰는 일이라는 걸 배우기도 했다. 어제보다 더 나은 내가 되어 있을 거라 믿어 의심치 않는다.

2

일상의 기록, 변화를 부르다

김한조

　하루, 한 달, 한 해. 무엇을 시작하거나 마무리 짓는 시점에는 많은 생각을 하게 된다. 나이의 앞자리가 바뀌는 9년 차에는 또 다른 느낌이다. 20대의 마지막은 직장에 대한, 30대의 마지막은 주거지나 아이들에 대한 고민을 주로 했다. 모두 과거보다는 앞날의 불안한 생각들이 많이 들었던 시기였다. 올해는 40대의 마지막 해이다. 그동안 무엇을 하였는지, 앞으로 해야 할 것은 무엇인지 고민과 생각이 많아진다. 삶의 의미를 되새기거나 나를 새롭게 돌아보게 되는 중요한 시점이다. 그런 과정에서 기록은 큰 의미로 남는다.

　지난날을 돌아보면 머릿속에 그려지는 일도 있지만 기억하지 못하는 일도 많다. '삶의 한 페이지를 기록으로 남긴다면 더욱 의미가 있지 않을까?'라는 생각에 글쓰기를 시작했다. 막막하기도 하고 어색한 마음도 있었지만, '일상과 생각을 글로 쓰는 게 어려운 것이 있나?'라는 단순한 생각도 들었다. 글로 남긴다는 것은 의외로 복잡하다. 일상의 작은 순간들도 몇 번 더 생각하게 만든다. 평소에는 무심코 지나쳐 왔던 일들이 기록에 필요한 요소로 다가오니 더욱 깊은 생각을 하게 된다. 내면을 돌아보게 되고, 깨닫지 못했던 일상에서의 평온함과 감사함, 이 시간에 머무는 것에 대한 행복함을 더욱 깊게 느낀다.

사람들의 일상에서 주어지는 일들과 해결 방식은 각자 다르다. 하지만 자고 일어나서 씻고, 먹고, 생활하고, 잠들고를 반복하는 일상은 크게 다르지 않다. 비슷한 상황에서도 어떤 생각을 하며 살아가는지에 따라 다른 삶이 된다. **남다르게 산다는 것은 특별한 행동을 하는 것이 아니라, 마음가짐을 다르게 갖는 데서 비롯된다.** 삶의 의미를 찾고 기록하며 행동하는 것들이 내면적인 성장과 자신의 가치를 더욱 높여 준다.

초등학교 다닐 때 일기 쓰는 방학 숙제가 있었다. 일기를 밀려 개학 전날 몰아 쓰느라고 대충 지어가며 썼다. 숙제를 내는 것에만 바빴던 철 없던 시절이었다. 시작에는 날짜, 요일, 날씨까지 적어야 했다. 지나간 날씨를 외우지 못하니 친구들에게 물어가며 날씨를 썼다. 일기는 하루를 돌아보고 무엇을 하였는지, 어떤 의미로 하루를 지냈는지 생각하게 만든다. 돌아보니 다른 숙제들보다 중요한 것이었음을 나이 50대가 다 되어서야 알게 되었다. 그때는 몰랐다. 하긴 그 시절에 이러한 큰 뜻과 내면의 마음가짐, 자신을 돌아보는 계기가 되고 생각이 깊어진다는 필요성과 중요함을 아무리 설명했어도 못 알아들었을 것이다. 사람들은 누군가 중요성을 설명하고 큰 의미를 부여해 주어도 내가 필요한 것, 하고 싶은 것만 듣고 행동하는 존재이다. 그 어린 시절에 이런 것들의 의미를 미리 깨닫고 실천했더라면 어땠을까? 지금쯤이면 전 세계적으로 유명한 인물이 되어 있을지도 모르겠다. 아니면, 인간의 경지를 넘어 신의 영역에 도달했을지도 모른다.

기록을 남기기 위해 그동안 관심도 없었고 앞으로도 절대 필요 없을 것 같았던 SNS를 시작했다. 딸에게 인스타그램 계정을 만들어 달라고 부탁하고, 운영 방법도 익혔다. '이렇게 간단한 거였어?' 테스트로 사진을 하나 올려본다. 일상을 기록하기에는 어려운 것도 없고, 시간도 그리 많이 들지 않았다. 못하는 게 아니라, 그냥 안 하고 있었다. 선입견과 이유 없는 거부감, 그리고 'SNS는 시간을 낭비하는 사람들이나 하는 것'이라는 나만의 자기 합리화 때문이었다.

기록은 기억을 지배한다. 순간의 생각들을 기록하고 쌓아간다면, 그것 또한 소중한 자산이 될 것이다. 하루의 일상과 함께 떠올랐던 생각들, 해야 할 일들을 기록하면서 스스로의 성장을 확인하고, 그 과정에서 꾸준히 이어갈 힘도 얻게 된다.

글쓰기를 시작한 후 며칠간의 일상 속 작은 메모와 기록들은 많은 변화를 불러왔다. 새로운 시도를 하게 되었고, 미루어 놓았던 일이나 중단했던 활동을 다시 이어가게 만드는 계기가 되었다. 보잘것없어 보이는 행동들의 작은 변화일 수도 있고 기존의 행동들을 반복하는 부분도 있겠지만, 전과 다른 생각을 하고 있다고 느낀다. 더 중요한 부분은 시선을 넓혀 사람들을 바라보고 대하는 방식도 조금씩 달라질 수 있다는 점이다. 자신에 관해 관심을 가지고 고민하는 만큼, 환경이 어떻게 바뀌고 있는지에도 자연스럽게 시선이 간다. 또한, 주변 사람들이 살아가는 모습이나 품고 있는 생각이 궁금해지고, 이에 대해 내가 어떤 태도로 대응해야 할지도 함께 고민하게 된다.

사람들이 변화하기 위해서는 무엇이 필요할까? 뚜렷한 계기나 많은 이유가 필요하다고 생각할 수 있다. 지내온 경험들과 환경, 가지고 있는 가치관과 목표에 따라서도 차이가 있다. 하지만 좋은 방향으로 변화하기 위해서는 생각보다 큰 결심과 행동들이 필요한 것은 아니다. **그저 작은 결심과 작은 행동의 변화, 시작할 수 있는 용기 하나 정도면 생각과 행동의 변화가 일어날 수 있다. 단 한 줄의 기록으로도 삶은 바뀔 수 있다.** 더 깊은 나를 만나게 되고, 몰랐던 자신을 발견할 수도 있다. 의미 없이 스쳐 보냈던 순간들을 짧게라도 기록해 보자. 평범한 일상에서의 작은 소중함, 당연하다고 생각했던 것들에 대한 감사한 마음을 가지고 나만의 의미를 부여해 보자. 같은 일상에서도 남다른 나를 찾고, 똑같이 주어진 하루 속에서 나만의 특별한 인생을 살아가기에 충분히 값진 하루가 될 것이다.

> **작가의 루틴 팁** 무심코 지나친 삶의 순간들을 한 줄 메모로 남겨 보세요. 그 시간은 더 깊은 의미로 다가올 겁니다.

3

기록과 글쓰기, 나를 단단하게 만든 시간들

서진아

저녁 식사 후 조용히 하루를 돌아본다. 온전히 나만의 시간이다. 하루를 기록하고 정리한다. 긴 하루를 충실히 살아냈다고 생각한다. 차 한 잔을 옆에 두고 나만의 공간에서 노트북을 펴고 하루를 천천히 돌아본다. 나 자신에게 집중할 수 있는 소중한 시간이다. 노트북 위에 놓인 작은 스탠드 불빛 아래, 오늘 만난 사람들, 느꼈던 감정들, 배웠던 것들을 하나하나 되새기며 키보드를 두드린다. 이 시간은 나의 내면과 마주하는 순간이다.

처음에는 아무것도 모르고 마음 가는 대로, 생각나는 대로 글을 써 내려갔다. 블로그를 처음 열었을 당시에는 독자도 없었고 방향성도 뚜렷하지 않았다. 내가 좋아하는 걸 기록하고 싶었다. 일상의 소소한 행복, 마음에 스친 단상, 우연히 발견한 아름다운 풍경을 무작정 적었다. 글의 형식이나 문법, 문장의 구조는 크게 신경 쓰지 않았다. 그저 내 마음을 솔직하게 표현하는 것이 중요했다. 어설프게 시작한 기록들이 하나둘 쌓이면서 나의 일상과 독서, 서평이라는 분명한 주제가 잡혔다. 목적 없이 흘러가던 생각들이 형태를 갖추기 시작했다. 내가 전하려는 메시지와 이야기가 분명해졌다. 처음에는 단순히 '오늘 이런 책을 읽었다.'라는 수준의 기록이었다. 이제는 책 내용을 깊이 분석하고 나만의 경험과 연결 지어 의미를 찾는다. 하루아침에 일어난 변화는 아니다. 매일 조금씩 쌓아온 기록의 힘 덕분이다.

기록하는 습관은 내게 많은 변화를 불러왔다. 첫째, 내면의 생각이 깊어졌다. 둘째, 표현하는 능력이 눈에 띄게 향상됐다. 예전에는 머릿속을 스쳐 지나가던 생각들을 그저 흘려보냈다면, 이제는 그 생각을 붙잡아 글로 표현했다. 그 과정에서 더 깊은 통찰을 얻게 되었다. 셋째, 언어 능력이 향상됐다. 내 생각을 정확하게 전달하기 위해 적절한 단어를 찾고, 문장을 다듬는 과정에서 자연스럽게 다양해졌다. 글을 남기면서 꾸준함의 가치를 더욱 실감하게 되었다. 기록을 통해 얻는 작은 성취감과 성장이 지속해서 기록하게 만든다. 블로그에는 내 삶의 조각들이 차곡차곡 쌓여 있다. 블로그 기록을 볼 때마다 내가 얼마나 성장했는지를 확인할 수 있었다. 이전까지 미처 깨닫지 못했던 생각 패턴, 관심사의 변화, 글쓰기 스타일 발전까지 모두 기록 속에 남아 있다.

꾸준히 기록하다 보니 자연스럽게 독서 활동으로 관심이 확장됐다. 단순히 책을 읽는 데 그치지 않고, 읽은 책을 나의 언어로 풀어내고 싶은 욕구가 점점 커졌다. 다양한 독서 모임과 서평단 활동에도 참여할 수 있었다. 처음엔 흥미로 시작한 서평단 활동이었지만, 점차 읽는 책의 분야가 넓어지고 글의 깊이도 더해졌다. 자기 계발서, 에세이, 인문학, 심리학 등 다양한 장르의 책을 접하면서 자연스럽게 사고의 폭이 확장되는 중이다. 서평단 활동은 정해진 기간 내에 책을 읽고, 내 생각을 정리해 글로 표현해야한다. 글쓰기 습관을 단단히 다지는 데 도움이 되었다. 단순히 줄거리를 요약하는 것이 아니다. 매번 책을 읽으며 느낀 감정과 내 삶과 연결되는 지점들을 중심으로 서평을 쓰고 있다.

쌓인 글들은 점점 나만의 색을 입기 시작했다. 책 읽고 글로 표현하는 과정이 자연스러워지자, 내 글의 독자들이 종종 서평 쓰는 법을 물었다. 그 질문에 답하고 도와주다 보니, 어느 순간부터 서평을 쓰고 싶어 하는 사람들을 위한 조언과 피드백을 해주는 '서평 코치'로서의 역할을 갖게 되었다. 처음에는 그저 내 경험을 나누는 수준이었지만, 시간이 갈수록 글쓰기의 방향, 책을 해석하는 관점, 메시지를 효과적으로 담아내는 방법 등을 구체적으로 도와줄 수 있었다. 내 글이 누군가의 서평 쓰는 여정을 돕는 안내가 된다는 사실은 큰 보람이었고, 책임감도 느끼게 되었다.

때로는 책 한 권이 나를 한참 동안 붙잡는다. 깊은 생각에 잠기게 했다. 그렇게 쓴 글은 단순한 기록을 넘어서, 내 안에 쌓여 있는 삶의 경험과 연결되어 하나의 이야기로 흘러갔다. 서평을 통해 '글로 말하는 나의 언어'가 생기고 있었다. 무엇보다도, 같은 책을 읽고도 사람마다 다르게 받아들이는 지점이 있다는 것을 다른 독자들의 글을 통해 배웠다. 나는 가능하면 내가 쓴 서평을 블로그에 공개하고, 다른 사람들의 생각도 함께 읽으려 노력한다. 어떤 문장 하나가 나와 너무 닮아서 울컥할 때도 있었고, 내가 미처 발견하지 못한 의미를 남의 글을 통해 되짚어보기도 했다. 이런 과정을 통해 나의 독서는 '읽는 일'을 넘어 '공감하고 나누는 일'로 확장할 수 있었다.

매일 기록하는 건 사실 쉽지 않다. 꾸준함을 유지한다는 것은 많은 인내와 노력이 필요하다. 가끔은 피곤해서, 또 때로는 다른 일에 밀려 기록하지 못하는 날도 있다. 특히 일이 많아 늦게 귀가하거나, 몸이 아프거나, 혹은 단순히 의욕이 떨어지는 날에는 기록을 건너뛰기도 한다. 그런 날이면 아쉬움에 자책한다. 오히려 그런 날일수록 무엇이든 기록하려고 노력했다. 완벽한 글이 아니어도, 때로는 흐트러진 문장이라도 상관없었다. 중요한 것은 단 한 줄이라도 남기고, 하루를 기억하는 것이다. 때로는 '오늘은 너무 피곤해서 글을 쓸 수 없다.'라는 한 문장만 남길 때도 있다. 그것조차도 의미가 있다고 생각한다. 그날의 상태, 그날의 감정, 그날의 한계까지도 모두 나의 일부이기 때문이다. 작은 습관이 결국 내 삶에 큰 변화를 불러온다는 사실을 알았다. 완벽한 기록보다 진정성 있는 기록이 중요하다는 것, 하루를 놓쳤다고 해서 모든 것이 무너진 게 아니라는 것도 받아들였다. 꾸준함이란 매일 같은 양의 결과물을 만들어 내는 것이 아니라, 상황과 컨디션에 맞게 최선을 다하는 것임을 깨달았다. 진정한 꾸준함이란 매일 완벽하게 수행하는 것이 아니라, 놓친 날이 있더라도 다시 시작할 수 있는 용기를 갖고 계속해 나가는 것이다. 어떤 날은 몇 페이지에 걸친 깊은 사색을, 또 어떤 날은 짧은 문장 하나를 남기더라도, 그 자체로 의미 있는 실천이다. 적은 노력이 모여 결국 나를 변화시키는 큰 힘이 된다는 것을 믿는다. 독서와 기록은 이제 내 삶에서 떼어놓을 수 없는 존재다.

하루의 마무리로 기록을 남기는 일은 그 자체로도 큰 의미가 있다. 아침에 일찍 일어나 미라클 모닝을 실천하고 요가를 통해 몸을 깨우고, 독서와 기록으로 하루를 닫는다. 이 모든 루틴은 작고 짧은 실천에서 시작됐다. 처음엔 5분 명상, 10분 요가, 한 페이지 독서, 몇 줄의 기록으로 시작했다. 지금은 그것들이 내 삶의 중심이 되었다. 기록은 글쓰기 능력 향상 이상의 의미가 있다. 그것은 내가 나를 이해하는 과정이었다. 매일 조금씩 쌓인 기록들은 마치 거울처럼 내 생각, 감정, 성장 과정을 비춘다. 처음에는 알아차리지 못했던 나의 관심사, 가치관, 삶의 방향성이 기록을 통해 점차 선명해진다. **꾸준한 기록이 쌓이면 그 속에서 나를 발견할 수 있다.** 몇 개월, 몇년 후에 다시 읽어보면, 그때의 나와 지금의 나 사이에 어떤 변화가 있었는지, 어떤 부분이 성장했는지, 또 어떤 부분이 변함없는지 알 수 있다. 축적된 기록은 단순한 글의 모음이 아니다. 나라는 사람을 이해하는 소중한 자료다. **자기 이해는 앞으로의 삶을 더 의미 있게, 더 주체적으로 살아갈 힘이 될 것이다.**

마음 잡고 진지하게 글을 쓰려고 하면 어려워요. 포스트잇, 핸드폰 메모 앱, 책의 빈공
간에 끄적이는 것부터 해보세요. 작은 글들이 모이고 모여 나의 기록이 됩니다.

고요한 저녁, 감사의 마음이 깃든 시간

윤현아

하루 일과를 마치고 집에 들어서면, 그야말로 '녹초'가 된다. 가만히 앉아 있거나 그대로 눕고만 싶어진다. 누군가 내게 말 거는 것도 싫다. 하필 그때 내가 자주 만나는 사람은 다름 아닌 내 딸이다. 초등학교 고학년이 된 딸은 학교 다녀와서 이것저것 조잘조잘하며 엄마와 대화를 나누고 싶어 한다. 나는 사실 그것을 받아줄 몸과 마음에 여유가 없다. 그러다 보니 나도 모르게 딸에게 까칠하고 예민하게 말한다. 잔소리를 더 하게 되고, 언성이 높아진다. 그러다가 '아차' 싶다. 피곤한 건 그녀 때문이 아닌데, 왜 그런 감정을 딸에게 쏟고 있는 걸까. 급작스러운 후회가 밀려온다. 숨을 한번 고르고 딸에게 이야기한다. 엄마가 사실 하루 일 끝나고 피곤해서 엄마도 모르게 네게 짜증을 내는 것 같다고. 하지만 그건 네 잘못이 아니라고 말했다. 미안하다는 말과 함께 그런 엄마의 상태를 이해해달라고 부탁도 했다. 딸아이도 이내 고개를 끄덕이며 수긍했다. 엄마도 사람인지라 항상 천사 같은 얼굴로 딸을 대할 수 없음에 진심으로 미안했다.

그렇게 피곤한 일과를 모두 정리하고 잠자리에 눕는다. 남편의 코골이 때문에 한동안 나와 분리 수면을 하고 있는데, 딸은 그런 내 옆에서 함께 자고 싶어 한다. 딱히 거부할 이유를 찾지 못해서 우리는 대부분 같이 잠자리에 든다. 그때야 비로소 나는 몸과 마음의 여유를 찾는다. 우리는 각자 서로 다른 하루를 떠올리며 이런저런 이야기를 나누다 잠이 든다. 돌이켜 보니 내게 하루 중 가장 행복한 순간은 바로 이 시간이었다. 같은 공간에서 잠을 자는 건 아니지만, 남편도 종종 내가 있는 방에 들어온다. 우리 셋은 잠들기 전 도란도란 이야기를 나눈다. 불을 끄고 어둡지만 서로의 존재가 가장 잘 느껴지는 순간이다. 그런 시간이 매일같이 이어지자, 문득 깨닫게 되었다. '아, 이 순간이 가장 행복하고 진심으로 감사한 시간이구나.' 큰 사건 사고 없이 안전하게 세 식구가 모여서 몸과 마음의 긴장을 풀고 하루 일과 중 좋았던 일, 힘들었던 일 등 생각나는 각자의 삶의 이야기를 나누면서 잠이 들면 나는 그렇게 행복할 수가 없다.

최근 주말을 제외하고 매일 감사 일기도 쓰기 시작했다. 그 역시 내게 마음의 충만함과 여유를 주는 중요한 일과 중 한 가지가 되었다. 감사 일기가 정신 건강에 좋다는 것은 심리학을 전공하고 공부하고 수련받으면서 익히 알고 있었다. 심지어는 우울한 내담자가 나를 찾아오면 하나의 방법으로서 감사 일기를 적극 권유하고 실천하도록 도운 적도 있었다. 하지만 정작 나는 감사 일기를 제대로 적어본 적이 없었다. '그냥 늘 감사한 일들 많은 하루하루지.'라며 대충 감사한 마음만 가지면 되는 거 아닌가 하며 게으름을 피웠다. 그러던 내가 감사 일기를 적극적으로 쓰게 된 계기가 생겼다. 지인으로부터 감사 일기장 한 권을 선물 받았다. 하루에 한 페이지씩 감사 일기를 쓸 수 있는 나만의 노트가 생기니 '한 번 써 볼까?!' 하는 생각이 자연스레 들었다. 그리고 하루 중에 오늘 내가 감사한 일들이 무엇이 있었는지 가만히 묵상하며 떠올려본다. 그러다 보면 생각하는 일들이 반드시 몇 가지가 있다. 매일 다른 일상으로 다양한 감사목록이 나오지만, 우리 가족 세 식구가 안전하게 오늘 하루도 같이 잠들 수 있는 것은 매일 반복해서 적게 된다. 진심으로 매일 감사한 일 중 하나이기에 빼놓고 싶지 않았다.

그렇게 하루하루 기록을 남긴 지도 어느덧 한 달이 넘었다. 그 전과 후는 무엇이 달라졌는가? 겉으로 보기에 크게 달라진 것은 없다. 그러나 가만 생각해 보면, 감사 일기를 쓰는 순간 입에 미소를 머금고 세상을 긍정적으로 바라보는 여유가 생긴 것을 분명히 느낄 수 있다. 한 지인이 말했다. 어떤 목표를 이루어서 감사하는 것이 아니라, '그럼에도 불구하고' 긍정적인 면을 발견해서 감사하는 것이 진짜 감사라고 말이다. 감사 일기를 쓰다 보니 그 말이 진정 맞다는 생각이 들었다. 당분간 매일 감사 일기 쓰는 것에 의지를 갖고 실천하려 한다. 내게 지금 채워야 할 감사 일기장이 다섯 권 있다. 그 다섯 권을 일단 모두 채울 때까지 계속 써볼 예정이다.

감사 일기 속, 특히 기억에 남는 내용이 하나 더 있다. 지난주 국가 공인 상담 전문 자격 중에, 청소년상담사 1급 서류 합격 통지를 받았다. 필기시험, 면접시험 합격 후에 까다로운 상담 및 심리검사 관련 경력 서류를 심사받는 과정이 있다. 바로 그걸 통과한 것이다. 이 상황에 진심으로 감사했다. 심리상담 민간 자격이 수천 개가 넘는 상황에서 국가 공인 상담 관련 자격은 이 자격증이 유일하다. 이미 미술치료 학회 자격을 갖고 있었지만, 청소년상담사 1급은 보다 공신력 있고 상징적인 자격으로 내게 큰 의미가 있었다. 이 자격증은 곧 관련 연수 교육을 추가로 받으면 수여된다. 가족 일상과 감사 일기를 말하는 이 장에서 그 자격이 떠오른 데에는 분명한 이유가 있다. 하루하루의 성장이 쌓여 어떤 결과를 만들어냈는지를 되돌아보게 되었기 때문이다. 내가 그리는 미래의 내 모습 중 하나는 심리상담과 미술치료 분야의 선배 전문가가 되어 후배 전문가들에게 도움을 주는 역할을 하는 모습이다. 이 자격증은 단 며칠 몇 달의 벼락치기 공부로 딴 게 아니다. 그동안의 상담과 미술치료 전문가로서 쌓아온 경험과 노하우, 그리고 슈퍼비전, 국내 상담 관련 법 등의 이론적 토대를 천천히 하루하루 쌓아오면서 취득하게 된 자격증이라 내게는 소중하고 중요한 의미가 있다. 내게 저녁이란 이렇게 하루 중 보람 있고 감사한 일들을 떠올리며 잠드는 시간이다.

나이 마흔을 넘기며 살다 보니 삶과 인생을 바라보는 안목이 이삼십 대보다 넓어졌다. 당연하게 여겼던 것들이 얼마나 소중한지 자주 생각한다. 신체는 노화가 진행 중이지만, 정신은 끊임없이 성장하고 발전 중이다. 거저 얻어진 건 아니다. 치열하게 삶을 살고 마주하고 경험하는 과정에서 얻은 결과다. 평생 공부는 필수다. 어떤 공부라도 조금 더 나은 삶을 살기 위해 노력하는 과정에서 본받을 만한 사람들의 저서나 강의 등을 접하는 것은 비약적인 발전의 중요한 토대가 된다. 직업 분야에서, 경제 분야에서 또는 다양한 삶을 산 사람들의 이야기를 책과 강연을 통해 듣는다. 그 행위에 참여하면 반드시 내게 남는 게 있었다. 대단한 삶의 진수와 꿀팁을 얻을 뿐만 아니라 삶을 사는 고단함과 실패 상황에서 위로와 공감을 얻기도 한다. 잠들기 전, 가족과 도란도란 이야기를 나누다 보면 어느새 스르르 잠이 든다. 그 사이 문득, 오늘 책이나 강연을 통해 만난 인물들이 떠오르기도 한다. 그동안 노력해서 성취한 것들이 무엇인지 생각해 본다. 참 감사하고 다행이란 생각이 절로 든다. 삶을 치열하고 열심히 사는 나 자신에게도 감사한다. **하루를 마치고 눈을 감으면 몸은 휴식에 들고 마음은 풍성해진다. 소란스러웠던 하루를 고요히 정리하면 나 자신은 다시 나에게 돌아갈 수 있다.** 사랑하는 이들의 숨결이 곁에 있다는 사실만으로도 충만한 일이다. 문득 미소 지을 수 있다면, 감사는 언제나 당신 곁에 머무르고 있다.

> **작가의 루틴 팁** 오늘 해낸 나에게 고마움을, 내일의 나에게 희망과 결심을 건네보세요. 그렇게 하루가 단단히 이어집니다.

5

살아 있다는 것, 그것이 기록의 행복

이복선

하루의 성장 일지를 남긴다. 어떤 경험을 했고, 무엇을 배웠을까? 선택과 행동이 내일 어떻게 성장시킬지 기대하며, 작은 한 걸음씩 기록한다. 행복은 거창한 것이 아니다. 따뜻한 차 한 잔, 누군가의 따뜻한 말 한마디, 혹은 나 자신에게 건넨 다정한 위로도 충분히 행복이 될 수 있다. "기록하고 정리하면, 내일은 더 나은 하루가 된다." 나를 사랑하며, 내일을 응원한다. 나만의 스토리를 만들어간다.

엄마가 응급실에 도착했을 때, 의사 선생님은 상황이 심각하다고 말했다. 연명치료 여부를 가족들에게 여러 번 물었다. 말로만 듣던 연명치료를 들어보니 마음이 불편했다. 의견을 모아 전달했다. 병원을 나와 조금 걸었다. 등과 배 부분이 따끔거렸다. 비니를 쓰고 있었지만, 머리 빠지는 소리가 들리는 듯한 느낌이었다. 단골 미용실에 전화를 걸었다. 원장님은 와도 된다고 했다. 일전에 커트하더니 또 하냐며 물었다. 나는 아주 짧게 자르기로 마음먹었다. 항암 치료로 인해 탈모가 생기면서 온몸이 간지러웠다. 스님 머리로 밀어달라고 말했다. 미용실에 도착해 머리를 자를 준비를 했다. 반 이상 빠져버린 내 머리를 본 원장님 손이 떨렸다. 그녀는 "잘 먹어야 해, 잘 먹어야 해…" 하며 눈물 흘렸다. "원장님이 왜 울어요?"라고 물었지만, 계속 "잘 먹어야 해! 어떻게든 이겨내야 해."라고 말하며 또 울었다. 아픈 모습을 보고 울어준다는 사실에 감사하고, 고맙다. 미용실 원장을 비롯해 주변 사람들과 중환자실에서 걱정하며 응원해 주는 엄마, 아픔에 눈물 흘려주는 사람들. 어차피 머리는 다시 자랄 텐데. 그 시간을 즐겁게 견뎌보려 한다.

집에 들어와 우연히 예전에 써둔 글을 읽어보았다. 모든 것이 엄마와 함께한 이야기들로 가득했다. 살아 있다는 것은 기록을 남길 수 있는 시간도 된다. 일상에서 아주 평범한 일들도 기록하며 하루를 마무리한다. 나 자신에게 조용히 묻는다. "오늘, 나의 하이라이트는 무엇이었을까?" 바쁜 하루 속에서도 분명 반짝였던 순간이 있었다. 어쩌면 사소한 기쁨일 수도 있고, 스스로 칭찬하고 싶은 작은 성장일 수도 있다. 혹은, 오늘을 통해 더 나은 내일을 꿈꿀 수 있는 깨달음일 수도 있다. 미래의 나에게 오늘 남긴 기록이 언젠가 내게 용기와 힘이 되어 줄 것이다. 지금은 미처 깨닫지 못한 변화가, 시간이 지나면 선명하게 보일 테니까. 우리는 망각의 동물이다. 하지만 작은 기록들이 모여 아름다운 인생의 글이 된다. 화가 날 때도 있고 기쁠 때도 있다. 한참 전에 있었던 사건들을 통해 속 좁은 자신을 발견할 때는 웃음이 나오기도 한다. 가까이 있을 때는 소중함을 쉽게 깨닫지 못했지만, 아프고 나서야 비로소 보이지 않던 것들이 보이기 시작했다.

이젠 암 환자처럼 보인다. 민머리가 되었다. 절에서 일해도 될 것 같은 모습이다. 사진으로 찍었다. 생각보다 잘 어울린다. 나쁘지 않다. 안 빠진 머리카락이 반 정도 남아 있었지만, 어차피 민머리에 적응이 필요하다. 이런 경험도 태어나서 처음 해본다. 머리가 조금씩 빠진다고 하니, 군대 간 아들이 모자를 주문해 주었다. 삭발하고 현관에 들어서니 따뜻하게 생긴 모자가 택배로 왔다. 모자를 착용했다. 사진을 찍어 군대에 있는 아이들에게 보냈다. 깜짝 놀랄 수도 있었을 텐데, 잘 어울린다고 말해 준다. 변화된 모습에 스스로 익숙해져야 한다. 독서 모임을 하면서 조금씩 글로 일상을 기록했던 날들이 좋은 습관이 되었다. 어떤 일이 다가와도 마음이 쉽게 동요되지 않는다. 더 차분하게 받아들이는 여유 있는 마음으로 변화하고 있다. 끄적여 두었던 글들이 참 소중하게 다가왔다. 물론 주변의 도움도 필요하다. '평단지기 독서클럽'을 통해 알게 된 이윤정 작가님이 항상 큰 도움을 준다.

주변에 무언가를 하고자 하면 도와주는 귀한 사람이 나타난다. 한 분 한 분 어떤 말을 해주고 마음을 나눴는지 기록한다. 주변에 알고 있는 사람들의 소중함도 느낀다. 가족도 마찬가지다. 엄마와 함께 살지 않았다면, 일상의 소소한 이야기와 엄마와의 아름다운 추억도 남기지 못했을 것이다. 먼저 기록해야 기억이 난다. "다음에 해야지!" 하면 결국 못한다. 그러니 지금 살아 있음을 기록하는 건 어떤가.

　다음날, 병원을 방문해 중환자실 면회를 하였다. 한 명만 입장이 가능해 오빠가 들어갔고, 나머지 가족들은 문 앞에서 초조하게 기다렸다. 중환자실 문이 직원들로 인해 열릴 때마다, 25번 병실에 있는 엄마의 모습을 보려고 까치발을 들었다. 잠시 보였지만, 우리를 알아보지 못했다. 중환자실 면회 시간은 20분. 시간은 금방 지나갔다. 오빠는 나오면서 눈물을 훔쳤다. 엄마를 보면 자꾸만 눈물이 난다고 했다. 엄마는 계속해서 집에 가고 싶다고 말씀하셨고, 자신이 병원에 있을 것이 아니라고 하셨다. 막내가 아픈데 자신이 병원에 있을 형편이 아니라며 같은 말을 반복하셨다고 한다. 그래도 몸 상태는 점점 나아지고 있는 듯했다.

　간절함을 글로 쓰면 반드시 이루어진다는 사실을 알게 되었다. 사랑하는 친정엄마는 쓰러졌고, 응급실을 거쳐 중환자실로 옮겨졌을 때, 의사는 최악을 이야기했지만, 며칠 후 형제들은 일반병실로 옮길 수 있다는 말에 기뻐했다. 그때 나는 어떤 상황에서도 간절한 마음을 글로 써 내려갔다. 소망이 글 속에 쌓일수록 정말로 현실이 움직이는 걸 느꼈다. 그래서 지금도 엄마의 삶을 행복하게 그리며, 다시 펜을 들기로 한다. 그리고 이번에는 놓지 않기로 한다. 왜냐하면 글이 쌓이는 만큼, 그 모든 기록은 언젠가 내 삶이 되고 행복한 추억이 되니까.

기록은 시간을 붙잡는 가장 다정한 방식이다. 아픔도, 사랑도, 두려움도,

고마움까지. 모두 흘러가는 순간이지만 글로 남기면 머무를 수 있다. 매일 쌓아가는 이 작은 기록이 결국 행복의 기록이다. 내일을 알 수 없기에, 오늘을 기록한다. 오늘은 조금 아프지만, 그 아픔을 적는다. 그 안에서 다시 사랑을 느낀다. 다정한 위로도 받는다. 그렇게 또 한 페이지를 쓴다. 살아 있다는 건, 지금 이 순간을 이렇게 글로 남길 수 있다는 사실이다. 내일도 계속 쓸 것이다. 나를 위해, 엄마를 위해, 함께 살아가는 모든 이들을 위해.

> **작가의**
> **루틴 팁** ‘작가답게 사는 삶’이 아니라, ‘살기 위해 글을 쓰는 삶’을 받아들입니다.

6

작은 순간들이 쌓여 어른이 되는 시간

이순덕

TV 예능 프로그램에서 '나이 든 사람은 있지만, 진짜 어른은 없다.'라는 말을 들었다. 뜨끔하고 마음이 아팠다. 나이가 들면 당연히 어른이 되는 건데……. 어른으로 인정조차 받지 못한다는 것에 서글픈 마음이 들었다. 한편으로는 '성숙한 어른'이 없다는 의미라는 것을 알기에 부끄러운 마음도 생겼다. 세상에 대한 책임을 느끼는 나이가 되었기 때문인 것 같다. 존경하는 교수님은 자신이 들은 최고의 찬사는 "어른이 되어 주셔서 감사합니다." 라는 인사였다고 한다. 성숙한 어른은 나무 같은 사람이다. 바람이 불 때마다 흔들리지만, 그 바람이 지나가기를 묵묵히 기다린다. 세상의 소음이 휘감아도, 그 소음을 자신만의 방식으로 흡수하고 그 속에서 평화와 균형을 찾아간다. 순간순간 불안과 두려움을 안고도, 그 모든 것을 한데 묶어 그 자체로 풍성한 나무가 되어간다. 그리고 그늘이 되고, 열매가 된다. 나도 그런 어른이 되고 싶다.

요즘 넷플릭스 드라마 〈폭싹 속았수다〉 보는 재미에 빠져 있다. 억척스러운 엄마 덕분에 어렵고 서러운 상황에서도 당차게 살아가는 애순이의 이야기. 엄마의 죽음, 시인이 되려는 꿈이 좌절되는 등 어린 애순이의 삶이 속수무책 흔들리는 상황들을 보면서 나도 모르게 함께 울었다. 애순이는 그 안에서도 사랑으로 품어내고, 본성대로 밀어붙이기도 하면서 좌충우돌 열심히 살아갔다. 지금은 중년이 된 애순이의 삶을 보면서 애순이 주변에서 '울타리'라기 보다는 꽃필 봄을 믿고 기다려 주는 '꽃눈 같은 어른들'이 눈에 들어왔다. 어느새 애순이 또한 자식들에게 그런 어른이 되어 주고 있었다. 작은 순간들이 모여 애순이의 삶이 되었듯 어쩌면 어른이 된다는 것은 순간이 주는 의미를 놓치지 않는 것인지도 모른다. 나 역시 하루를 기록하며 내 삶에 의미의 그물을 쳐본다.

편안함이 있는 저녁은 나를 따듯한 어른이 되게 한다. 노을을 만나는 퇴근길은 더욱 그렇다. 아름다운 노을을 만날 때면 마치 선물을 받은 아이처럼 들떠 차를 세우고 연신 사진을 찍어댄다. 노을은 매일 새롭고 경이롭다. 노을은 나의 하루를 찬미하며 묻는다. "오늘 하루 열정적으로 살았지? 수고했어." 색깔이 섞였다가 흩어지며 변화무쌍한 노을에 답하다 보면 여행자처럼 집에 와 있다. 따뜻한 국이나 찌개를 곁들인 저녁 밥상은 편안함과 안도감을 준다. 간단히 집안일을 마치고 스마트폰에서 걷기 앱을 확인한다. 평소엔 3,000보 안팎인데 아이들과 바깥 활동을 한 날은 5,000보~8,000보가 넘는 날도 있다. 건강을 위해 매일 10,000보 걷기를 하고 있어 나머지를 채워야 한다. 산책 겸 밖으로 나가 빠른 걸음으로 10,000보를 채웠다. 날씨가 추워지니 자꾸 나가기 싫고 만 보를 채우지 못하는 날이 많아진다. 하는 수 없이 집안에서라도 달려서 10,000보를 채운다. 혹시나 아래층에 소리가 들릴까 하여 뒤꿈치를 들고 뛰는데, 생각보다 숨도 차고 허벅지에도 힘이 들어가 운동하는 맛이 난다. 월, 수, 금요일은 50분 동안 스피닝을 한다. 나만의 속도대로 자전거를 타면서 속도를 점점 높여가고 있다. 요즘 지인들과 운동 인증하기 100일 프로젝트를 하고 있어 인증 사진을 올리고 기록하고 있다. 주말에도 인증해야 하는 덕분에 운동 효과가 더 좋은 것 같다. 운동으로 더워진 몸은 마음을 여유롭게 하고 내일을 꿈꾸는 힘이 된다.

빨강, 파랑 색깔 펜을 준비한다. 순간에 이름을 붙이기 위해서다. 아침에 세운 계획에 실행 내용을 표시하며 그것을 할 때의 생각과 느낌을 짧게 메모한다. 글씨가 큰 편이라 다이어리였다면 아마 다 쓰지도 못했을 텐데, 탭에서는 화면을 크게 키워 적을 수 있어서 쓸 때마다 만족스럽다. 그리고 오늘 나의 감정을 흔든 장면을 찾아 일기를 쓴다. 하루를 보내며 찍은 사진을 곁들이는데, 사진 한 컷이 일기를 더 의미 있게 해준다. 하루 중 기억하고 싶은 순간을 찍어두면 일기를 쓸 때 감정까지 더 생생하게 기억난다. 많은 정보를 담고 있어서 가끔은 주의를 기울이지 않았던 것을 발견하는 유레카의 순간도 있다. 그래서 나는 메모지보다 카메라를 먼저 든다. 오래전에 적어두었던 글도 그 순간을 박제해 놓은 듯 지금 꺼내봐도 감정이 그대로 전해진다. '내가 어떻게 이렇게 멋진 생각을 해냈을까?' 하고 스스로 놀라기도 한다. 기록하는 과정에서 그 상황의 의미를 생각하게 되고, 진짜 마음이 녹아 글이 된다. 마음에 던져진 작은 돌멩이가 만든 파문에서 의미를 찾아 쌓아가는 이 순간이 바로 어른이 되는 시간이다. 작은 물결이 강기슭에 도달하듯 기록해 둔 찰나는 시간을 거슬러 존재하게 된다.

유치원 교사인 나는 매일 아이들의 놀이를 관찰하고 기록한다. 아이들은 생활 속에서, 수업에서 보고 들어 알게 된 것을 놀이로 표현한다. 자신에게 의미 있었던 경험을 놀이 속에서 다시 경험하고 지식을 구성한다. 새롭게 알게 된 용어를 사용하여 이야기 나눈다. 팽이 돌리기를 경험한 동규는 발에 걸려 놀잇감 냄비 뚜껑이 돌아가는 것을 우연히 발견하고는 교실에 있는 모든 놀잇감을 돌리기 시작했다. 심지어 작은 블록과 과일 모형까지도. '아! 저런 것도 돌아가는구나!' 싶었다. 옆에서 놀이하던 친구가 하나, 둘 합류하면서 동규의 놀이는 우리 반 모두의 놀이가 되었다. 그 과정을 격려하며 기록한 나는 블록으로 팽이를 만드는 설명서를 제시해 주었다. 동규와 친구들은 설명서대로 팽이를 만들어 돌리며 만족해하더니 어느 순간, 팽이의 모양을 자신만의 형태로 바꾸어갔다.

"이건 옆에 있는 물건을 모두 치우는 청소기 팽이에요."

"내 팽이는 오래 도는 팽이야!"

"끝이 뾰족해서 잘 돌아요."

하면서 자신만의 아이디어를 표현하고 실험하며 새로운 발견을 해 가고 있었다. 한편, 두세 명의 아이들은 누구 팽이가 오래 도는지 시합하던 중 다른 친구들과 부딪쳐서 팽이가 자꾸 멈춰 화를 냈다. "어떻게 하면 친구들

과 부딪히지 않고 오래 돌 수 있을까? 좋은 방법이 있을 것 같은데?" 하며
질문하자 아이들은 '팽이 놀이장'을 만들자고 제안했다. 아이들은 자석 벽
돌 블럭, 체육 교구 등을 사용해서 자기들만의 방식으로 팽이 놀이장을 만
들어서 놀았다. 나의 관찰기록에는 아이들의 흥미와 놀이 내용뿐 아니라
아이들의 도전과 발견이 기록된다. 그 기록을 통해 나는 아이들이 놀이를
이어가고, 확장할 수 있도록 지원하고 있다. 하지만 기록을 통한 지원이 매
번 성공하지는 않는다. 나는 그 실패마저 기록한다. 아이들의 놀이 기록은
나와 아이들의 성장 기록이다. 기록은 아이들의 흥미와 문제를 발견하게 한다.
의미를 해석하게 돕고, 어른으로서 아이들을 지원할 지혜의 방향을 알게 해준다.

어른은 어쩌다 되는 것이 아니라, 그 안에 수많은 폭풍우와 간절한 마음
이 쌓여 만들어진다. **매 순간의 의미를 놓치지 않을 때 새로운 세계를 품은
열매로 영근다. 그래서 나는 기록하고 질문한다.** 어떤 어른이 진정한 어른
일까? 아들러는 행복의 세 가지 조건으로 '자기수용, 타자 신뢰, 타자 공헌'
이 이루어져야 한다고 했다. 나는 이것을 어른의 조건이라고 생각한다. 어
른은 있는 그대로의 자신을 받아들이고, 타인의 선한 의도를 믿고 협력하
며, 공동체에 기여하는 삶을 사는 사람이다. 다시 말해 자신의 삶으로 행복
을 보여주는 사람이 바로 어른이다. 행복은 자기 자신을 수용하는 것에서
시작한다. 마음에 드는 순간도, 아픈 순간도 모두 내 모습임을 받아들여야
한다. **기록과 성찰로 더 나은 선택을 해 나가야 한다.** 넘어진 아이에게 손
을 내밀어 줄 때인지, 믿고 기다려 주거나 함께 넘어져야 할 때인지를 아는

지혜로운 어른이고 싶다. 겨울에도 봄이 오고 있음을 믿는 꽃눈 같은 어른이 되고 싶다. 누군가에게 "그때 그 어른이 있어서 힘이 되었어."라는 말을 듣는다면 나는 충분히 가치 있는 삶을 살았다고 말할 것이다.

> **작가의 루틴 팁** 기록할 때 하루 중 가장 의미 있었던 순간을 찍은 사진 한 장을 첨부해 보세요. 재미와 가독성은 물론, 하루를 지내는 동안에도 나에게 의미 있는 순간을 놓치지 않을 수 있답니다.

1

지나간 하루에 감사를 새기며

이윤경

2020년, 나는 많이 아팠다. 당시는 코로나 시기로 병원에 가는 것조차 조심스럽던 때였다. 그럼에도 불구하고 두어 달에 한 번꼴로 응급실을 찾았다. 주기적으로 찾아오는 위장염은 물론, 생소한 병명인 게실염까지 겪었다. 크고 작은 병으로 결국 두 번이나 입원했고, 수술까지 했다. 난생처음 '건강이 무너진다.'라는 것이 어떤 의미인지 온몸으로 실감했다. 아픔은 단순한 고통을 넘어, 잠시 삶이 멈춰버리는 경험이었다.

그전까지 언제나 앞으로만 달려왔다. 새로운 목표를 세우고, 더 높은 성과를 위해 바쁘게 움직였다. 평일엔 업무에 몰두했고, 주말에는 모임들로 하루를 꽉 채웠다. '해야 할 일'로 가득 찬 일정 속에서 정작 나를 위해 쓰는 시간은 없었다. 분명 처음엔 즐거워서 시작했던 일들이었는데 어느새 의무가 되었다. 할 일들이 끝없이 쌓였고 월화수목금토일, 모든 날이 월요일처럼 느껴졌다. 하루를 어떻게 살아내야 할지 고민하기보다는, 언제쯤 이 모든 일이 끝날지만 생각하며 살았다. 머릿속은 여유가 없었고 마음은 점점 메말라 갔다. 내 안에는 불평과 불만만 가득해졌다. 인간관계도, 심지어 가족조차도 모두 스트레스로 다가왔다.

그러다 처음으로 멈췄다. 강제로라도 멈춰야 했던 그 시간, 몸은 침대에 있었지만, 생각은 여전히 쉴 줄을 몰랐다. 처음엔 '왜 자꾸 아픈 걸까?', '왜 나만 이런 수술을 받아야 하지?'라는 생각이 들었다. 누군가에게 털어놓고 싶었고 위로받고 싶었다. '잠시 멈춰도 괜찮다'고 듣고 싶었던 것 같다. 그런데 누구도 그런 말을 해주지 않았다. 아무도 없다고 느꼈다. 상황이 상황인지라 누구를 만나 이야기를 나눌 수도 없었다. 내 안의 감정들은 결국 모두 외부를 향한 비난으로 바뀌어 버렸다.

병원에 길게 입원해 있으면서 처음으로 혼자만의 시간이 주어졌다. 매일 긴 시간 아이패드에 생각들을 정리했다. 그러다 보니 자연스럽게 시선은 바깥이 아니라 내 안으로 향했다. '아무리 화만 내도 내 삶은 달라지지 않잖아.', '지금 이런 감정들은 나만 힘들게 할 뿐이야.', '아무도 나한테 잘못한 사람은 없어'. 그렇게 조금씩 생각의 방향이 전환됐다. 그리고 그 마음의 끝에 문득 이런 생각이 들었다. '불평할 시간에 감사를 하자.' 몸이 쉬어야 할 때는 마음도 함께 쉬어야 한다는 말을 그제야 조금 이해할 수 있을 것 같았다. 하루를 불평으로 채우기보다, 주어진 하루에 감사하며 살아가는 것이 훨씬 더 중요하다는 걸 알게 된 시간이었다.

건강을 회복하면서 늘 감사하며 살아가겠다고 마음속으로 다짐했다. 그 다짐이 조금씩 깊어질 무렵, 삶을 바라보는 태도까지 바꿔놓을 또 다른 큰 일이 찾아왔다. 2022년부터 6개월 간격으로 외할아버지, 외할머니, 친할 머니가 잇따라 돌아가셨다. 언제나 그 자리에 있을 것 같았던 존재들이 세 상에서 사라졌다. 이전에 병을 앓으며 느꼈던 두려움과는 또 다른 감정이 었다. 삶의 유한함, 사람의 시간이 이렇게도 빠르게 지나갈 수 있다는 걸 처음으로 실감했다.

특히 외할아버지가 돌아가신 후 발견된 일기장이 오래도록 마음에 남았 다. 돌아가시기 석 달 전까지도 빼곡히 쓰여 있던 몇십 년 치의 낡고 빛바 랜 일기장 속에는 매일의 하루가 담겨 있었다. 놀랍게도 그 안에는 언제나 '감사'라는 단어가 자리하고 있었다. 어떤 날은 사람에게, 또 어떤 날은 물 질에, 날씨가 좋았던 날은 그저 맑은 하늘에 감사하셨다. 나는 그 일기장을 한 장, 한 장 넘기며 깊은 울림을 느꼈다. 감사는 특별한 날에만 하는 것이 아니고, 누군가에게 보여주기 위해 하는 것도 아니었다. 그저 하루하루를 살아내는 그 순간마다 느끼는 마음이었다.

그 후 나의 일상은 조금 달라졌다. 평일의 나는 이전과 같이 사회 속에서 살아간다. 전략적으로 움직이고, 효율적으로 일하며, 사람들과 협력하고, 치열한 흐름 속에서 주어진 역할을 해낸다. 하지만 주말이 되면, 나는 오롯 이 나만을 위한 공간으로 들어간다. 그 공간 안에서 내가 만난 사람들, 주고받은 대화, 작은 성취와 놓친 순간들을 찬찬히 돌아본다. 내가 누렸던 하루하루를 다시 돌아보고 마지막엔 외할아버지의 일기장을 떠올린다. 그리고 나 자신에게 묻는다.

'나는 이번 주 무엇에 감사할 수 있을까?'

익숙한 것들에서 벗어나 나를 던지는 시도들도 조금씩 해나가고 있다. 철저한 계획형인 내가 즉흥적으로 여행을 떠나기도 하고, 새로운 운동을 배워 주말 아침에 사람들과 즐기러 나가기도 한다. 분기에 한 번, 마지막 주말에는 해보지 않았던 것에 도전한다. 미술에 소질이 없지만 그림그리기 원데이 클래스에 가보기도 하고, 모르는 사람들 앞에서 말하는 것을 부끄러워하는 나지만 독서 모임에 참석해 발표를 해보기도 한다. 이런 새로운 시도들은 일상에 신선한 숨을 불어넣는다. 두려웠던 마음 대신 '나도 해볼 수 있겠다.', '생각보다 재미있는 걸!', '이런 것도 나와 어울리는구나.' 하는 작은 발견의 기쁨들도 생겼다. 하나씩 쌓이는 작은 도전들에서도 나는 자연스럽게 '감사'라는 감정을 배우고 있었다.

1년을 채우고 연말이면 연차를 내고 조용한 카페에 가서 회고록을 쓴다. 지난 1년을 찬찬히 되짚으며, 기억에 남는 순간들을 하나씩 꺼내 본다. 나를 웃게 했던 일들, 감명 깊게 읽은 책들, 마음에 오래 남은 영화, 다녀온 여행지, 성취와 실패가 뒤섞인 업무의 조각들, 그리고 나 자신과 나눈 대화까지. 그렇게 지난 시간을 돌아보며 깨닫는다. 모든 시간 속에는 감사할 이 유가 숨어 있었다는 것을.

당연하게 누리던 일상들이 언젠가는 사라질 수 있다는 사실을 몸소 깨달 았을 때, 하루를 대하는 태도가 달라졌다. **지금 누리고 있는 것들을 더 소 중히 여기고, 순간순간을 감사하는 마음으로 살아가기로 다짐했다. 하루하 루의 작은 감사들이, 매일을 살아내는 나의 삶을 조금 더 단단하게 만들어 줄 것이라 믿으면서 말이다.**

┌─────┐
│ 작가의 │ 하루를 되돌아볼 때 '무엇을 했는가?'보다 '무엇이 감사했는가?'를 먼저 떠올려보
│ 루틴 팁 │ 세요.
└─────┘

8

저녁 일곱 시, 그대로 멈춰라

이윤지

마트에 갔다가 명란 앞에서 발걸음을 멈췄다. 유독 반짝이는 명란을 보니 문득 남편 생각이 났다. '이걸 어떻게 써볼까?' 머릿속으로 메뉴를 떠올려보다가 결국 장바구니에 넣고 집으로 돌아왔다. 대단한 건 아니지만 매일 먹는 달걀말이 속에 명란을 살짝 넣었다. 명란은 자극적인 맛을 품고 있지만 달걀과 만나면 부드럽게 스며드는 조화가 매력적이다. 조금 특별한 저녁을 차려주고 싶은 마음이었다. 남편은 별생각 없이 한 조각을 집어 들었다. 그러다 짭짤하고 고소한 명란 향이 입안을 가득 채우자마자 두 눈이 동그래지더니, 양손의 엄지손가락을 번쩍 세운다. 말보다 확실한 찬사였다.

그 모습을 본 첫째 아이가 궁금한 듯 물었다.

"나도 달걀 줘."

"너희는 조금 전에 밥 먹었잖아."

말은 그렇게 해도 아이들이 입을 쩍 벌리고 기다리는 모습을 보니 차마 외면할 수가 없었다. 두 마리의 새끼 새처럼 고개를 뒤로 젖히고 입을 크게

220   그래도, 오늘은 다르게 살기로 했다

벌리는 모습에 웃음이 났다. 입에 쏙쏙 넣어주니 18개월짜리 둘째가 "따죠, 따죠." 하며 발을 동동 구른다. "또 줘."라는 말 대신 그 짧은 단어 하나로 마음을 전한다. 이에 질세라 남편도 슬그머니 아이들 뒤에 줄을 선다. 별거 아닌 반찬 앞에서 줄이 끊길 줄 모른다. 명란 달걀말이를 세 남자의 입에 쏙쏙 넣어주며 웃음이 절로 나왔다. 그 웃음이 세 남자에게 전염되었고, 우리는 한참을 깔깔거렸다. 그렇게 만든 달걀말이는 순식간에 사라졌다. 모두가 더 먹고 싶어 하는 눈빛을 보내는 바람에 한 판을 더 만들었다. 부엌으로 가는 발걸음은 피곤하기보다 뿌듯했다.

아이들은 질병 때문에 먹을 수 없는 음식이 많다. 늘 제한된 식단 속에서 고민해야 했고, 새로운 재료를 시도하는 것도 조심스러웠다. 하지만 이렇게 단출한 한 끼로도 마음이 배불러지는 것을 보니, 내가 무엇에 집중해야 하는지 다시금 생각하게 된다. 이제는 더 이상 먹을 수 없는 것들에 집착하지 않기로 다짐했다. 어쩌면 아이들에게 필요한 것은 새로운 맛이 아니라, 내가 전하는 여유로운 마음과 사랑일지도 모르겠다.

두 시간마다 식사를 조금씩 자주 먹여야 하는 탓에 몸은 고단하다. 그러나 아이들이 식사할 수 있음에 새삼 감사했다. 먹는다는 것, 그저 음식이 입에 들어가는 것이 아니라, 삶을 유지하고 살아간다는 것 말이다. 많은 사람은 한 끼 식사하는 것을 너무 당연하게 여기며 지나친다. 나 역시 그랬다. 하지만 지금은 끼니마다 그 사소함 속에 담긴 귀함을 느낀다.

남편은 퇴근 시간이 불규칙해서 아이들을 재우는 일은 대부분 내 몫이다. 아이들도 이제는 그게 당연한 줄 안다. 어둑한 방 안, 등을 돌려 누우면 어느새 작은 손이 등을 쓰다듬는다. 하루의 마지막, 몸은 피곤하고 눈은 감기지만 이 순간만은 놓치고 싶지 않다. 세 돌이 된 첫째 아이는 요즘 부쩍 질문이 많다. 세상의 모든 것이 궁금한 시기인 듯하다. 특히 자기 전에 꼭 궁금해지는 게 많은 모양이다. 눕자마자 나지막한 목소리로 묻는다.

"엄마, 가족이 뭐야?"
"음, 사랑하는 사람들이지."
"그럼, 엄마 사랑해, 아빠 사랑해, 주원이 사랑해, 주호 사랑해, 할머니 사랑해, 할아버지 사랑해, 고모 사랑해, 고모부 사랑해, 우리 가족 다~ 사랑해!"

그 말에 눈물이 고였다. 가슴이 따뜻해지며 아이의 작은 몸을 꼭 안았다. 아이의 머리부터 발끝까지 내 품에 들어오도록 진하게 안아주었다. 우리는 그 상태로 한참을 가만히 있었다. 그저 숨소리만 느끼며, 말없이 서로를 품었다.

인간은 죽기 직전에 내가 사랑받았던 기억보다 내가 해주지 못한 것을 먼저 떠올린다고 한다. 누군가에게 미안하다고 말하지 못했는데, 사랑한다고 말하지 못했는데 혹은 책상 위 식물에 물을 줘야 하는데 등이다. 이렇듯 누군가를 사랑하는 마음만큼 오늘을 씩씩하게 살아내는 비결이 또 있을까? 그동안 아이들의 질병에 집착하며 나약했던 내가 두 아이의 엄마로 살아낼 수 있는 것은 매일 밤 자기 전 아이가 주는 마법의 주문 때문이다. 매일 하는 새벽 간호이지만 가끔은 알람 소리를 듣고 일어나기가 벅찰 때가 있다. 그 순간엔 세상을 원망하고 그 화살이 죄 없는 아이들에게 향할 때도 있었다. 4년 가까이 제대로 자 본 날이 손에 꼽기 때문이다. 이제는 이런 순간마다 아이의 마법 주문을 작게 속삭여 본다.

만 스물여덟에 출산한 첫째 아이는 희귀 질환을 진단받았다. 마치 세상이 무너지는 듯한 순간이었다. 그리고 2년 후, 둘째 아이마저 같은 병을 진단받았을 때, 나는 깊은 절망에 빠졌다. 길어야 네 살을 넘기기 어렵다는 말에 하루하루가 고비였다. 하지만 지금, 첫째는 다섯 살이 되었다. 믿기 어려울 만큼 건강한 모습으로 웃고, 뛰고, 말을 건넨다. 버텨낸 하루들이 모여 우리 가족을 단단하게 묶었다는 걸 이제야 알게 됐다. 아이들의 질병은 더 이상 내 삶의 걸림돌이 아니다. 오히려 나를 단단하게 만든 디딤돌이 되었다. 나는 나약하지 않다. 매일 밤 아이의 '사랑해요.' 한마디가, 조용한 새벽의 작은 손길이 나를 다시 일으켰다.

사소한 일상에서 즐거움을 찾고, 그걸 붙들며 하루를 살아가는 삶. 이런 하루하루가 쌓여 결국 괜찮은 삶이 된다. 행복에는 정답이 없다. 단지, 각자의 방식이 있을 뿐이다. 지난밤을 무탈하게 보내고 새로운 아침을 맞이

하는 안도감! 그 자체가 행복이고 감사다. 그렇게 하루를 시작한다면 온종일 사랑으로 가득 채울 수 있다. 나는 그 기쁨을, 이 평범함 속의 특별함을, 천천히 오래도록 가져가고 싶다.

작가의 루틴 팁 오늘은 가족과 저녁 식사를 함께하거나, 어렵다면 안부 전화를 한 통 드려보는 건 어떨까요?

9

나를 다독이며 다시 일으켜 세우는 시간

정혜진

　회사에 다닐 때는 저녁이 거의 없는 삶이었다. 퇴근이 오후 다섯 시 삼십 분이라지만, 현실적으로 그 시간에 사무실을 나서는 날은 거의 없었다. 하루 종일 회의실들을 전전하다가 내 자리에 앉았을 땐 이미 해가 저물어 있을 때가 많았다. 회의가 끝났다고, 퇴근 시간이 지났다고 퇴근할 수도 없었다. 그때부터 밀린 업무를 처리하고, 내일 있을 미팅을 준비해야 했다. 내 자리로 돌아오면 마치 다시 출근한 기분이었다. 머리는 무겁고 눈은 풀려도, 오늘 해야 할 일을 내일로 미룰 수는 없었다. 그렇게 매일 같이 야근해야 했기에, 정작 나를 위한 저녁 시간 따위는 존재하지 않았다. 회사 앞 건물 아케이드에 있던 작은 라면집은 내 유일한 탈출구였다. 사무실에서 도망치듯 나와, 일부러 회사 사람들이 잘 가지 않는 그곳으로 향했다. 뜨거운 국물에 후루룩 면을 삼키며 비로소 일과 나 사이에 쉼표 하나를 찍을 수 있었다. 그때 나는 뭔가 대단한 걸 원하는 게 아니었다. 그저 일 생각에서 벗어나 아무 생각 없이 누구와 대화할 필요 없이 혼자 앉아 있을 공간, 몇 분 동안이라도 업무에서 벗어날 수 있는 시간이 필요했다. 하지만 그마저도 짧은 휴식일 뿐, 곧 다시 자리로 돌아가 남은 일을 마무리해야 했다. 그렇게 나의 저녁 시간은 늘 회사에 갇혀 있었다.

퇴사 후, 오후 다섯 시 삼십 분이 되면 일단 책상으로부터 퇴근한다. 그리고 주방으로 향한다. 올해 12월 결혼을 앞두고 남자 친구와 미리 준비한 신혼집에서 함께 살기 시작하면서, 저녁 식사는 더욱 특별한 의미를 갖게 됐다. 혼자 자취할 때는 끼니를 대충 때우기 일쑤였고, 회사에서 늦게 퇴근하다 보니 요리할 엄두조차 내지 못했다. 하지만 지금은 다르다. 저녁 식사를 직접 준비하면서, 하루를 마무리하는 소중한 루틴이 생겼다. 주말에는 밑반찬을 만들어 두고, 평일 저녁에는 간단한 주요리나 국을 끓인다. 레시피를 찾아보면서, '오늘은 어떤 메뉴를 만들까?' 고민하는 과정이 즐겁다. 마치 우리 집 전담 영양사가 된 것 같은 기분이다. 하지만 요리라는 것을 그동안 안 해봐서인지, '요리 머리'라는 것이 아예 없는 것인지 레시피를 보고 돌아서면 내 머릿속은 또다시 백지가 된다. 스마트폰 속 레시피를 계속 뒤적이고 확인하면서 요리에 집중한다. 간단한 요리도 참 유난스럽고 분주하게 하는 재주가 있다. 이런 분주한 시간이 마음속 근심 걱정 고민을 잠시 잊을 수 있게 해주어서 오히려 좋기도 하다. 저녁 식사 준비 시간은 나밖에 모르면서 살았던 내가 누군가를 생각하는 시간이기도 하다. 하루 종일 고요했던 나만의 시간과 공간을 '함께'하는 시간과 공간으로 채워줄 남자 친구를 생각하며 식사를 준비하는 게 행복하다. 누군가에게 무언가를 해주는 것이 받는 것보다도 더 큰 행복감을 느낄 수 있다는 사실을 이제야 알게 되었다.

이런 생각이 들면서 떠오르는 사람이 한 명 더 있다. 바로 엄마이다. 한 평생 가족들을 위해 식사를 준비하신 엄마도 이런 마음이었겠구나…. 어렴 풋하게 엄마의 마음을 알 수 있을 것 같아서 감동에 가까운 감사한 마음과 미안한 마음이 동시에 든다. 머리를 식히고 싶어서 가벼운 유튜브 콘텐츠 를 소비하면서 아무 생각 없이 간편하게 저녁을 사 먹던 시절과 다르게 밥 통 속 밥이 뜸 들여지듯, 내 마음도 보다 성숙하게 깊어지는 시간이다. 혼 자만을 위한 시간이 아니라, 누군가를 생각하며 함께할 수 있음이 나의 저 녁 시간을 더욱 의미 있게 해준다. 차려진 저녁 식탁 앞에서 우리는 서로의 하루를 공유하고, 소소한 대화를 나누며 함께 시간을 쌓아간다.

식사를 마친 후, 헬스장으로 향한다. 한때 허리 통증으로 고생했던 기억 이 아직도 생생하다. 몇 년 전, 회사 주차장에서 차에서 내리려던 순간, '악' 소리가 절로 나올 만큼 허리에 극심한 통증을 느꼈고 한동안 차에서 내릴 수 없어서 운전석 의자를 젖히고 한참을 누워 있었던 적이 있었다. 결국 병 원을 찾았고, 허리디스크 진단을 받았다. 하루 열두 시간 이상을 앉아 있 었으니, 허리가 멀쩡할 리 없었다. 퇴사 후에는 덜 앉아 있겠다고 다짐했 지만, 새로운 일거리를 찾느라, 또다시 하루 종일 책상 앞에 앉아 있다. 모 니터 들여다보는 날이 이어졌다. 결국 허리 통증이 재발했다. 이번에는 허 리뿐 아니라 목도 탈이 났다. 병원에서는 꾸준한 운동과 자세 교정을 권했다. 당연한 이야기지만, 몸이 힘드니 정신도 점점 지쳐갔다. 이삼십 대 때 건강할 때는 몰랐다. 힘든 일이 있어도 결국 해내는 것은 정신력 때문이라고 생각했었다. 그런데 건강이 무너짐을 느껴보니 오히려 반대라는 생각이 들었다. 건강해야 어떤 일이든 해낼 수 있다. 몸의 중심인 허리가 무너지는 것 같으니 몸 전체가 내 말을 듣는 것 같지 않았고 우울감이 더 커졌다. 항상 하고 싶은 일도 많고 에너지 넘치던 내가 어떤 일을 하려고 해도 의욕이 쉽사리 생기지 않았다. 만사가 다 귀찮고 하기 싫은 무기력증에 빠졌다. 이게 다 허리에서 비롯된 일이었다. 결국 나는 PT를 통해 근력 운동을 배우기 시작했다. 헬스장에 가면 트레드밀 위에서 걷거나 살살 뛰는 정도로 유산소운동만을 했던 내가, 생전 해본 적 없는 기구 운동을 하려니까 너무 힘들었고, 힘드니까 하기 싫었다. 헬스장 가는 길이 꼭 벌서러 가는 것 같은 느낌이었다. 하지만 허리가 아픈 건 더 싫었다. 통증을 줄이기 위해서라도, 나는 나를 단련해야 했다. 그렇게 조금씩 근력을 키워가면서, 내 몸도, 마음도 점차 회복되고 있다. 그렇게, 나의 저녁은 이제 '나를 위한 시간'과 '함께하는 시간'으로 채워지고 있다.

하루의 끝, 저녁은 단순히 피로를 풀고 쉬는 시간이라고 생각했었다. 그마저도 하지 못하는 상황에 스트레스만 점점 쌓여갔었다. 퇴사 후, **저녁은 내가 나에게 말을 거는 시간이고, 오늘의 나를 제대로 바라보는 시간이라는 것을 깨달았다.** 누구와도 부딪히지 않고, 누구에게도 평가받지 않으며, 오롯이 나 자신으로 존재할 수 있는 이 시간은 하루 중 가장 진실한 순간이다. 이 조용한 시간 속에서 **오늘의 생각과 감정들을 정리하고, 내 마음의 온도를 가늠해 보며 비로소 나를 돌볼 수 있다.** 하루를 돌아보며 "잘 살았어, 오늘도."라고 다정하게 속삭여주기도 하고 "오늘, 나는 어떤 사람이었지? 내일, 나는 어떤 사람이 되고 싶나?" 조용히 물어본다. 이 시간이 있기에, 다음 날 아침을 다시 마주할 수 있다. 삶이 하루의 반복이라면, 그 하루의 마침표인 저녁은 나를 다시 일으켜 세우는 쉼표이기도 하다.

작가의 루틴 팁 보고 싶은 유튜브 콘텐츠를 아껴두었다가 운동할 때 보세요. 유튜브 소비 시간도 아낄 수 있고 운동하러 가는 길이 조금은 덜 괴롭습니다.

'도전'과 '꾸준함'으로 성장한 시간들

최민욱

"위원님. 매우 바쁘시겠지만, 이번 주 금요일까지 IT Challenge 결선 최
종 문제 출제 부탁드립니다."

퇴근 무렵, 칼퇴근을 위해 집중력을 올리는 시간, 문자가 왔다. 한국장
애인재활협회 간사님이다. 두 달 후에 필리핀 마닐라에서 개최되는 Global
IT Challenge 대회에서 사용될 최종 문제를 내달라신다. '오늘은 집에 일찍
가서 맥주 한잔하고 좀 쉬어야지!'라고 생각하며 조였던 집중력이 탁 풀어
진다. 재활협회의 이런 연락은 부담이 되기도 하지만 꽤나 반갑기도 하다.

수년 전부터 대회 운영위원을 하다가 3년 전부터는 문제 출제위원도 하
고 있다. 사실 언제부터였는지 정확히 기억이 안 난다. 그냥 쭈욱 해 왔다.
뭔가 '해야 하는' 것이 주어지지 않으면 안 하는 나였기에, IT Challenge 활
동은 인생을 열심히 살기 위한 셀프 멱살이기도 했고, 이 사회에 뭔가 도움
이 되고 있다고 느끼기 위한 자기만족이기도 했다.

일단 해보자, 안되면 말고

언제 시작이었는지 굳이 더듬어 보자면, 2010년쯤 장애 청소년에 대한 1:1 학습 봉사로 시작했다. 서울시장애인재활협회에서 모집하는 〈정보나래〉 활동에 나름 숭고한 정신으로 지원했다. 장애가 있는 청소년들의 집에 방문해서 일주일에 한두 시간씩 IT 기술을 알려주는 봉사 활동이었다. 그러다가 서울시 IT Challenge 행사에 봉사자로 참석할 기회가 생겼고 채점을 맡았다. 대학교 때 대안학교에서 선생님을 해봤기 때문에 잘할 수 있을 거로 생각했는데 웬걸? 대회 채점은 달랐다. 시간 싸움이었다. 학생들이 3개 영역(파워포인트, 엑셀, 검색)의 시험을 모두 마치고 잠깐 장기 자랑을 하는 사이, 골방에 들어앉아 모든 채점을 완료해야 한다. 동점자와 전년도 수상자까지 검토를 마치고 상장까지 만들어야 한다. 물론 1명이 아닌 4~5명이 함께 했고, 경험 많은 선배 봉사자분이 총괄을 했다. 옆에서 보는 것만으로도 긴장이 되는 순간들이었다.

세 해쯤 흘렀을까, 채점 총괄 담당자가 출산이 얼마 남지 않아 더 이상 채점 봉사를 이어갈 수 없다고 하신다. 새로운 총괄을 뽑아야 했다. 대회에서 채점 총괄은 눈에 띄지는 않아도 가장 중요한 역할이다. 참가한 장애 청소년들의 성적과 수상에 바로 직결되기 때문이다. '아 몰라, 일단 해보지 뭐, 안되면 그때 또 방법을 찾아보자.' 하고 시작한 총괄은 역시나 실수투성이였다. 채점을 끝내지 못해 시상식이 늦어지기 일쑤였고 상장에 들어간 소속이나 이름이 틀려 다시 만드는 것도 부지기수였다. 시험을 시작했는데 작년 문제가 그대로 출제된 일도 있었다. 중복 1등이 나와서, 운영위원들이 돈을 모아 1등 상품을 사 준 적도 있다. 그렇게 시작한 채점 총괄이 벌써 12년째다.

역할에도 변화가 있었다. 채점하다 보니 문제 출제도 하기 시작했고, 장애인 IT 챌린지에 참여하는 청소년을 교육하는 역할까지 주어졌다. 3년 전부터는 세계 대회를 주관하는 한국장애인재활협회에서도 〈검색〉 영역의 문제 출제를 한다. 작년부터는 3개 영역에 대한 채점과 함께 지역 예선을 거쳐 글로벌 결승에 출전하는 한국 학생들의 교육도 맡게 됐다.

꾸준함이 힘이다

운영위원을 하며, 협회와 대회에 수많은 사람이 거쳐 갔다. 많은 분이 숭고한 정신을 가지고 오지만, 활동을 지속하기는 쉽지 않다. 개인적인 상황 때문에, 혹은 자신이 생각했던 숭고한 봉사가 아니어서, 그리고 이것보다 소중한 각자의 가치를 위해 활동을 멈추고 자신의 길을 간다. 나를 귀하게 써주는 협회 분들 덕분에 감사하게도 나는 멈추지 않았다. 함께 해 오는 위원님들에게 배우는 것도 많았다. 사실 지금이야 이렇게 이유를 말하지만, 그때는 그냥 했다. 매년 해 오던 거라서, 불러주어서, 내가 할 수 있는 역할이 있어서. 그렇게 지난 12년간의 꾸준함을 통해 내 역할은 다른 협회로 커넥팅되었고 강의까지 확대되었다.

커넥팅 닷

나이가 들어가며 미래에 대한 고민이 많다. 이런 고민은 사춘기 아이들이 하는 줄 알았는데. 요즘 '오십 춘기'라는 말도 있는 걸 보니, 나만의 고민은 아닌 듯하다. 회사는 기껏해야 50대 중후반까지 다닐 수 있는데, 100세 시대를 넘어서 120세 시대를 말하는 요즘, 준비되지 않은 노후는 '재앙'과도 같다. 그렇다면, '나중에 뭘 해 먹고 사나.' 혹은 '나이 들어서 자존감은 어떻게 지킬 것인가.'를 생각해 본다면, 결국 나만의 무기가 있어야 한다. 지금 하고 있는 장애 청소년 대상 IT 강사 활동은 나의 무기 중 하나이다. 사회에서 내 위치를 잡아주고 자존감도 높여준다.

장애 청소년을 대상으로 하는 서비스는 상당히 많아서 '그게 무슨 능력이냐!'라고, 말할 수도 있다. 사회복지사와 협회도 많고 IT 강의하는 곳도 많기 때문이다. 집 앞만 한번 쓱 둘러봐도 IT 학원 천지다. 하지만, 2개를 같이 하는 곳은 거의 없다. 박승오, 홍승완 작가의 『인디 워커』에 따르면, '나만의 독보성을 가지기 위해서는 전문성과 차별성이 있어야 하고, 결국 그것이 차별적 전문성을 지니게 된다'고 한다. 그렇다면, 장애 청소년 대상 IT 강사가 차별적 전문성으로 나아갈 수 있는 나만의 길이 될 수 있지 않을까? 준비되지 않고 맞는 '재앙'으로부터 나를 구해줄 수 있지 않을까? 사실, 처음부터 이렇게 되리라고 생각하지 못했고 의도하지도 않았다. 돌아보니, 어떤 도전이 왔을 때 **'일단 한번 해보자.' 하는 마음과, '한번 시작했으니, 꾸준히 해 봐야지.' 하는 생각이 결국 커넥팅 닷을 끌어내었다고 본다.**

모든 일에 '한번 해보자.'와 '꾸준히 해보자.'를 남발할 수는 없다. 그렇게 할 수 있는 시간이 되지도 않고 지속할 수 있는 힘도 없다. 적성에 맞고 재미있어야 꾸준히 할 수 있다. 이런 일을 찾는 방법에는 하기 전 기대감이 높은 것, 하고 있을 때 성취감이 높은 것, 하고 나서 또 하고 싶은 것이라 한다. '이걸 해보지 않으면 죽기 전에 후회할 것 같다.'라는 생각이 드는 일들, 해 봤는데 생각보다 재미있고 흥미가 생기는 일이라면 도전해 볼만하지 않을까?

시작하기엔 너무 늦었다고? 인생 120살이라는데? 은퇴하고도 60년이나 더 살 건데?

┌──┐
│ **작가의**   할까 말까 하면, '시도' 해 보세요. 나중에 죽기 전에 후회하지 않을까? 생각해 보면 답 │
│ **루틴 팁** 이 나옵니다. │
└──┘

"기록은, 순간을 영원으로 만드는
꾸준한 마법이다."

기록의 시간, 저녁 셀프 체크리스트

작은 하루가, 나를 기억하는 방식이 됩니다.

□ 오늘 가족들과 대화를 나누었나요?

□ 오늘 나에게 가장 의미 있었던 장면은 무엇이었나요?

□ 하루 중 가장 감사했던 순간은 언제였나요?

□ 오늘 내가 '진짜 나답다.'라고 느낀 순간이 있었나요?

□ 오늘 목표(예: 독서·글쓰기 등)를 위해 어떤 실천을 했나요?

□ 오늘 내가 잘한 일, 하나만 적어볼까요?

□ 오늘 하루는 나에게 어떤 하루였나요?

□ 잠들기 전, 나에게 어떤 칭찬을 해주고 싶나요?

마치는 글

김수인

내 이름이 적힌 책이 세상에 나온다는 사실이 신기하고, 부끄러움이 앞선다. 부족한 글이라는 걸 알면서도 그 부족함을 무릅쓰고 용기를 내었다. 아무것도 하지 않는 것보다는 작더라도 할 수 있는 무언가를 해 보자는 마음이었다. 이번 작은 용기가 앞으로 더 나아갈 수 있는 밑거름이 되기를 기대해 본다. 함께 참여한 작가님들과 따뜻한 시선으로 글을 읽어주신 모든 분께 감사드린다.

김한조

"나는 누구인가?"라는 질문이 한없이 복잡하게 느껴진다. 가볍고 편한 마음으로 글쓰기를 시작했지만, 시간이 지날수록 더 깊은 생각에 빠진 나 자신을 발견한다. 예전에는 '나? 나야 그냥 나지.'라는 단순한 생각만 했지만, 글로 적어 가며 바라보니 나는 도전을 즐기고 관계를 중요하게 여기는 사람이라는 점도 새롭게 알게 됐다. 또, 어떤 삶을 살아왔는지 자연스럽게 돌아보게 된다. 같은 질문이라도 생각의 깊이에 따라 그 의미가 달라진다. 평범한 시간을 의미 있는 하루로 바꾸는 것 역시 자기 생각과 마음에 달려 있다. 내 마음가짐 하나로도 세상이 달라질 수 있다는 경험을 함께 나누고 싶다.

서진아

익숙한 하루를 조금 다르게 살아내려 애쓴 시간이 쌓였다. 다람쥐 쳇바퀴처럼 반복되는 일상에서 나만의 리듬으로 숨을 고르고, 마음을 들여다보고, 조용히 나아가려 했다. 요가 매트 위에서, 책장을 넘기며, 몇 줄의 기록 속에서 나는 나를 다시 만났다. 특별하지 않은 하루들이 모여 특별한 나를 만들고 있었다. 이 책은 그 꾸준한 걸음들의 기록이다. 앞으로도 나는 오늘을 사뿐사뿐 살아갈 것이다. 조금은 다르게, 그러나 나답게.

윤현아

하루를 계획하고 실천하며 조금씩 삶을 바꿔 가는 사람에게는 분명 단단한 힘이 깃들어 있다. 작은 루틴을 꾸준히 이어가는 일, 그 단순한 반복이 결국 생각과 마음의 방향을 바꾼다. 그것은 단순한 습관이 아니라 자신을 잊지 않고 삶을 다정하게 이끄는 태도다. 머뭇거려도 괜찮고, 잠시 길을 잃어도 괜찮다. 나를 믿는 그 마음이 결국 나를 다시 이끌며 일으킨다. 감사하고 배우며 하루를 온전히 살아낸 시간 끝에, 삶은 어느새 조용히 빛나고 있었다. 그리고 그 빛은 나만의 방식으로 세상을 따뜻하게 비추었다.

이복선

누군가의 일상에 작은 울림을 주는 글을 쓰고 싶다. 화려하지 않아도 좋다. 소소한 일상을 글로 표현하고, 그것을 함께 나누는 일에서 큰 보람을 느낀다. 사람의 마음을 사로잡고, 문장에 힘이 넘치는 작가는 분명 베스트 작가다. 하지만 책을 읽고 느끼는 감정은 독자마다 다르다. 그 다양함을 인정하고, 담백하게 나만의 이야기를 쓰는 것. 그것이 지금의 제가 할 수 있는 최선의 글쓰기다. 초보 작가로서, 저는 순수한 마음을 표현하는 것으로 작가의 길을 걷고 있다. 평범하면서도 의미 있는 하루의 루틴이 어떻게 우리의 삶이 되는지를, 이 책은 담담하게 말한다.

이순덕

어릴 적엔 세상이 정답으로 가득 차 있었다. 교과서에 있는 답을 외우면 됐고, 틀리면 바로 고칠 수 있었다. 옳고 그름이 분명했으며, 잘못된 선택의 영향도 크지 않았다. 시간이 흐르고 변한 지금. 나는 많은 선택지 앞에서 갈팡질팡 망설인다. 선택은 내게 맡겨져 있지만 결말은 세상과 함께 만들어지기 때문이다. 정답 없는 세상에서 완벽하지 않더라도 최선을 다해 오늘을 살기로 했다. 경이로운 순간에 동참하고, 일상에서 의미를 발견하며 살고 싶다. 하루짜리 쳇바퀴를 돌리며 풍경도 보고, 사람도 보며 사뿐사뿐 함께 세상을 만들어가고 있다. 함께 살아갈 우리 모두의 오늘에 응원을 보낸다.

이윤경

예전부터 막연히 '마흔이 되면 책을 내야지.' 라는 말을 자주 해왔다. 그 때쯤이면 뭔가 이뤄져 있을 거라 믿었지만, 막상 마흔이 되니 평범한 하루들이 반복되고 있었다. 처음엔 과연 쓸 이야기가 있을까 싶었는데, 하루를 기록하며 알게 됐다. 평범한 삶 속에도 나만의 이야기가 있고, 그 하루하루가 매일을 살아낸 작은 증거라는 것을. 이 글이 평범한 하루를 살아가는 누군가에게 '당신의 삶에도 이야기가 있다.' 라는 조용한 응원이 되길 바라며, 처음으로 나의 이야기를 꺼내어 본다.

이윤지

핸드폰 화면을 올리며 타인의 화려함에 움츠러드는 시기는 지났다. 화면에 보이는 것은 상대의 전부가 아니라 그저 일부라는 것을 이제는 안다. 더 이상 타인과 비교하며 절망하지 않길 바란다. 내면에서 행복을 발견하길 바란다. 행복의 정의는 하나가 아니다. 직장일 수도, 가족일 수도, 소소한 일과일 수도 있다. 스스로 기준을 세우면 반복되는 하루 속에서도 감사하고 만족한 지점을 찾을 수 있다. 글에는 온기가 있다고 믿는다. 나의 소탈한 하루가 누군가에게 위로와 응원이 되길 바란다.

정혜진

하루를 계획하고 충실히 살아내다 보면, 삶은 조용히 나만의 리듬을 만든다. 새벽의 고요, 오전의 분주함, 오후의 여유, 저녁의 따뜻함 속에서 나는 나를 다듬는다. 시간대마다 정성껏 나를 돌보는 일은 단순한 루틴이 아니라 나를 잊지 않는 삶의 태도다. 오늘의 하루는 다시 오지 않기에, 나는 이 시간을 소중히 어루만지듯 살아간다. 그렇게 반복되는 하루 안에서, 나는 조금씩 단단해지고 나아간다.

최민욱

20년 넘게 회사 생활을 하며, 강사로 강단에 서 있을 때 내 열정이 폭발하는 걸 알았다. '회사를 그만두면, 밖에서도 강의할 수 있을까? 어떤 주제로 이야기할 수 있을까?' 고민하다가 매일 일상을 글로 남기기 시작했다. 매일 블로그에 글을 쓰고 소통해 보니, 하루하루가 모두 소중하고 의미 있었다. 열심히만 살아내는 수많은 날 중 하나가 아닌 특별한 '오직 하루'가 되어갔다. 이런 생각을 담아 책 쓰기의 첫발을 뗐다. 오늘도 글쓰기를 하며 일상의 하루를 오직 하루로 만들어간다.